essentials

essentials liefern aktuelles Wissen in konzentrierter Form. Die Essenz dessen, worauf es als „State-of-the-Art" in der gegenwärtigen Fachdiskussion oder in der Praxis ankommt. *essentials* informieren schnell, unkompliziert und verständlich

- als Einführung in ein aktuelles Thema aus Ihrem Fachgebiet
- als Einstieg in ein für Sie noch unbekanntes Themenfeld
- als Einblick, um zum Thema mitreden zu können

Die Bücher in elektronischer und gedruckter Form bringen das Expertenwissen von Springer-Fachautoren kompakt zur Darstellung. Sie sind besonders für die Nutzung als eBook auf Tablet-PCs, eBook-Readern und Smartphones geeignet. *essentials:* Wissensbausteine aus den Wirtschafts-, Sozial- und Geisteswissenschaften, aus Technik und Naturwissenschaften sowie aus Medizin, Psychologie und Gesundheitsberufen. Von renommierten Autoren aller Springer-Verlagsmarken.

Weitere Bände in der Reihe http://www.springer.com/series/13088

Alexander Bußler · Markus Sobau

Das BRSG im Mittelstand

Der Praxisleitfaden für bAV-Entscheider

Springer Gabler

Alexander Bußler
Heddesheim, Baden-Württemberg
Deutschland

Markus Sobau
Confina Finanzplanung GmbH
Mannheim, Baden-Württemberg
Deutschland

ISSN 2197-6708   ISSN 2197-6716   (electronic)
essentials
ISBN 978-3-658-23213-9   ISBN 978-3-658-23214-6   (eBook)
https://doi.org/10.1007/978-3-658-23214-6

Die Deutsche Nationalbibliothek verzeichnet diese Publikation in der Deutschen Nationalbibliografie; detaillierte bibliografische Daten sind im Internet über http://dnb.d-nb.de abrufbar.

Springer Gabler ist ein Imprint der eingetragenen Gesellschaft Springer Fachmedien Wiesbaden GmbH und ist ein Teil von Springer Nature
Die Anschrift der Gesellschaft ist: Abraham-Lincoln-Str. 46, 65189 Wiesbaden, Germany

Was Sie in diesem *essential* finden werden

- einen kompakten Überblick über die Bestimmungen des Betriebsrentenstärkungsgesetzes aus Arbeitgebersicht
- Antworten auf die wichtigsten Fragen, die Ihnen im bAV-Alltag in mittelständischen Unternehmen begegnen
- einfache und praktische Ansätze, die Sie in die Lage versetzen, die grundlegenden Problemstellungen rund um das BRSG als Thema zu erkennen und zu können

Vorwort

Das Betriebsrentenstärkungsgesetz zwingt jeden Arbeitgeber und bAV-Verantwortlichen, sich mit dem Thema betrieblichen Altersvorsorge zu beschäftigen, denn der Gesetzgeber hat mit diesem Gesetz die wohl umfangreichsten Neuerungen der letzten Jahrzehnte verabschiedet.

Diese Neuerungen bringen sowohl für Arbeitgeber als auch für Arbeitnehmer erhebliche Veränderungen. Die vorliegende Lektüre berücksichtigt hauptsächlich die Arbeitgebersicht, beschreibt neben den juristischen Themen auch die praktischen Lösungsmöglichkeiten und soll Arbeitgebern eine wichtige Hilfestellung bei der Umsetzung sein.

Das Ziel ist es, die Leser mit einem überschaubaren Aufwand an das BRSG heranzuführen und darüber zu informieren. Mit einfachen und praktischen Ansätzen sollen sie in die Lage versetzt werden, die wichtigsten Fragestellungen für Ihr Unternehmen rund um das BRSG beantworten zu können.

Es liegt in der Natur der Sache, dass nach Lektüre dieses *essentials* noch nicht gesagt ist, dass Sie das BRSG rechtssicher und vollständig in Ihrem Unternehmen anwenden können. Das liegt neben der Komplexität der Materie auch daran, dass das Gesetz in einigen rechtlichen Details noch ungeklärt ist. Diverse Hinweise auf solche Zweifelsfragen sind an verschiedenen Stellen eingeflochten. Wie in solchen Fällen üblich, zählt hier in erster Linie der gesunde Menschenverstand. Wenn man sich beim Durchlesen der gesetzlichen Regelung fragt, wie man das im Sinne einer mitarbeiterorientierten Auslegung denn konkret umsetzen könnte, liefert die Logik oft einen sehr guten Lösungsansatz. Fragt man sich, wie man die Regelungen so auslegen kann, dass man die Mitarbeiter von Ansprüchen abschneidet, so ist eine Antwort tendenziell rechtsunsicher.

Je nach betrieblicher Gegebenheit und beabsichtigtem Ziel stellt diese Lektüre einen Startschuss für eine intensive Aufarbeitung des bAV-Themas dar und soll dabei praktischer Begleiter sein.

Alexander Bußler

Markus Sobau

Inhaltsverzeichnis

Einführung

1

1.1 Anwendungshinweise

Von verschiedenen Seiten werden aktuell Hilfestellungen, Unterlagen und Informationen zum BRSG angeboten. Je nach Intention und Herkunft des Verfassers werden verschiedene Gründe *für* und verschiedene Gründe *gegen* das BRSG und vor allem das Sozialpartnermodell angeführt.

In dem unübersichtlichen Wirrwarr von Argumenten ist es besonders wichtig, sich aus Unternehmenssicht zu orientieren und aufzustellen. Hier soll dieses *essential* helfen. Doch wie?

Versetzen Sie sich gedanklich in die Situation, als Personalverantwortlicher zu einem Tagesordnungspunkt „Betriebsrenten und BRSG" zu einer Sitzung geladen zu sein. In einem Zeitfenster von fünf Minuten müssen Sie die neue bAV-Situation darstellen und haben noch weitere zehn Minuten Zeit, um eventuelle Fragen zur Umsetzung und Bedeutung für das Unternehmen zu beantworten. Wie bereiten Sie sich vor?

Nach Ihrer Einleitung über den Ist-Zustand der bAV im Unternehmen wäre zu erwarten, dass Sie gefragt werden: „Und – sollen wir das Sozialpartnermodell einführen?".

Sie werden möglicherweise antworten: „Nein", und sicherlich die Folgefrage erhalten: „Warum?".

Mithilfe dieses *essentials* sollen Sie in die Lage versetzt werden, eine verständliche, kurze und nachvollziehbare Begründung zu liefern, warum Ihre Empfehlungen für das Unternehmen derzeit die richtigen sind. Seien es Argumente für oder gegen ein Modell oder System.

Ziel dieser Lektüre ist es, Ihnen alle wichtigen Fragen zum Thema BRSG zu beantworten.

© Springer Fachmedien Wiesbaden GmbH, ein Teil von Springer Nature 2019
A. Bußler und M. Sobau, *Das BRSG im Mittelstand*, essentials,
https://doi.org/10.1007/978-3-658-23214-6_1

1

Hierbei ist es sinnvoll, eine Antwort zunächst auf das „Warum" aus den fachlichen Grundlagen heraus zu geben. Daher starten wir die Ausführungen mit einigen Grundlagen zur bAV.

Den Teil der fachlichen Einführung können Sie überspringen, wenn Sie mit dem Thema bAV vertraut sind. Sind Sie noch nicht sicher auf diesem Gebiet oder befassen sich nur ab und zu mit dem Thema, empfiehlt es sich, diesen Teil aufmerksam zu lesen, um so die zentralen Themen zu durchdringen.

Sollten Sie Schwierigkeiten haben, die Zusammenhänge aufgrund der komprimierten Darstellung nachzuvollziehen, so arbeiten Sie diese mehrfach durch, ggf. unter Beiziehung von weiterer Literatur (zum Beispiel Anh § 1 in: Blomeyer, Rolfs, Otto). Das BRSG hat viele Autoren zu einer Überarbeitung ihrer Kommentare gezwungen. Die zentralen Werke sind seit Frühsommer 2018 erhältlich.

1.2   Grundbegriffe der bAV

Es ist bei der bAV grundsätzlich zwischen zwei Rechtskreisen zu unterscheiden. Zum einen das Vertragsverhältnis des Unternehmens zu seinem Arbeitnehmer (Valutaverhältnis) und zum anderen das Vertragsverhältnis zu einem Versorgungsträger (Deckungsverhältnis).

Die arbeitsrechtliche Verpflichtung betrifft nur das Valutaverhältnis. Nur hier allein wird der konkrete Anspruch festgelegt, den der Mitarbeiter gegen den Arbeitgeber hat. Das Deckungsverhältnis beschreibt die Pflichten zwischen Arbeitgeber und einem Dritten, häufig einem Versicherer. Da diese Rechtsverhältnisse grundsätzlich unabhängig voneinander funktionieren, entstehen Probleme vor allem dann, wenn im Deckungsverhältnis vertragsgemäß eine andere oder weniger Leistung zu erbringen ist, als im Valutaverhältnis vertragsgemäß zu leisten ist. Eine negative monetäre Leistungsdifferenz federt grundsätzlich die Subsidiärhaftung des Arbeitgebers ab. Ausnahmsweise geschieht dies nicht, wenn die Zusageart der sogenannten reinen Beitragszusage gewählt wurde.

Bei der betrieblichen Altersversorgung (bAV) sind die Anwartschaftsphase und die Leistungsphase zu unterscheiden. In der Anwartschaftsphase bauen sich wie bei einem Sparplan Anrechte auf künftige Leistungen (Anwartschaften) auf. Im Falle des Ausscheidens stehen diese dem Arbeitgeber (=verfallbare Anwartschaft) oder dem Berechtigen zu (=unverfallbare Anwartschaft). Ob eine Anwartschaft verfallbar oder unverfallbar ist, hängt im Wesentlichen von der vertraglichen Gestaltung, der Finanzierungsart, der Zusageart oder einem zeitlichen Ablauf (ab 2018 drei Jahre nebst Mindestalter 21) ab. Für die Festlegung der Höhe einer unverfallbaren Anwartschaft bestehen diverse

Berechnungsvorschriften. Diese sind vor allem abhängig von den Zusage- und Finanzierungsarten und der Zusage selbst.

Mit dem im Valutaverhältnis bestimmten Ereignis wird die versprochene Leistung fällig. Es beginnt die Leistungsphase. Sind laufende Leistungen versprochen (üblicherweise monatliche Rentenleistungen, die während der Dauer von Invaliditäten oder bei Altersrente lebenslang zu zahlen sind), so sind diese nach der Festlegung einer korrekten erstmaligen Leistung im Rahmen der Anpassungsprüfungspflichten zu dynamisieren. Falls der Arbeitgeber je nach den anzuwendenden Regeln im Valutaverhältnis oder Deckungsverhältnis selbst für eine Dynamik einzustehen hat, kann er eine anstehende Dynamik mit dem Verweis auf die wirtschaftliche Lage ausnahmsweise abmildern oder sogar aussetzen.

Es gibt fünf Durchführungswege. Die zwei internen/unmittelbaren Wege sind die Pensionszusage (PZ) und die Unterstützungskasse (UK). Die drei externen/ mittelbaren Wege sind die Direktversicherung (DV), die Pensionskasse (PK) und der Pensionsfonds (PF).

Im ersten Fall wendet sich der Mitarbeiter primär an seinen Arbeitgeber, um die Leistung zu erhalten (aus Unternehmenssicht also intern/unmittelbar). In den anderen Fällen wendet sich der Mitarbeiter aufgrund eines direkten Leistungsanspruches primär an den Versorgungsträger (aus Unternehmenssicht also extern/ mittelbar).

Im Valutaverhältnis wird einem Durchführungsweg eine von vier Zusagearten zugeordnet. Hier wird vor allem die Risikoverteilung über das Renditerisiko geregelt.

- Bei der Leistungszusage (LZ) wird eine feststehende Leistung versprochen. Das Finanzierungsrisiko liegt voll beim Arbeitgeber.
- Bei der Beitragszusage mit Mindestleistung (BZML) wird die Einzahlung eines Beitrags in einen Topf versprochen. Hinsichtlich der Leistung bei null Prozent Mindestzins wird auf das verwiesen, was am Ende in diesem Topf enthalten ist. Die Mindestverzinsung von null Prozent ergibt sich aus der Überlegung, dass sich die Mindestleistung auf die eingezahlten Beiträge (abzüglich des Verbrauchs für biometrische Risiken und Verwaltungskosten), also einen Kapitalerhalt bezieht.
- Bei der (reinen) Beitragszusage (BZ) wird allein die Einzahlung eines Beitrags in einen Topf versprochen, hinsichtlich der Leistung aber ohne eine Mindestverzinsung auf das verwiesen, was am Ende in diesem Topf enthalten ist. Damit ist eine Minusrendite von 100 % (=Totalausfall) theoretisch möglich. Mit dieser Zusageart ist das Sozialpartnermodell exklusiv verknüpft.
- Bei der beitragsorientierten Leistungszusage (BOLZ) wird die Einzahlung eines Beitrags in einen Topf versprochen, hinsichtlich der Leistung aber auf das verwiesen, was am Ende in diesem Topf enthalten ist.

Rechtlicher Hinweis: *Derzeit ist noch nicht rechtlich geklärt, ob es bei der BOLZ aus dem Valutaverhältnis heraus eine Renditeuntergrenze gibt, für die der Arbeitgeber haftet. Wenn die (reine) Beitragszusage durch das 100-Prozent-Minusrenditerisiko gekennzeichnet ist, bei der BZML aber null Prozent Rendite versprochen werden, so wäre es logisch, bei der BOLZ „dazwischen" eine Minus-rendite zuzulassen, wie hoch die auch immer sein mag. Genau hier regt sich in der Fachwelt Widerstand. Teilweise wird argumentiert, dass im Valutaverhältnis ein Beitragserhalt auch in der BOLZ versprochen ist. Manche im Deckungsverhältnis erhältliche Verträge/Tarife mit zum Beispiel 80 % Garantie (=20 % Minusrendite) sind derzeit daher mit Vorsicht zu handhaben, weil im Valutaverhältnis null Pro-zent Mindestrendite versprochen sein könnte.*

Die versprochene Leistung spiegelt sich in den Leistungsarten. Es sind Alters-leistungen (=Ruhestandsabsicherung), Hinterbliebenenleistungen (=Todes-fallabsicherung) und Invaliditätsleistungen (=Berufsunfähigkeitsabsicherung) möglich.

Diese Leistungsarten treten in unterschiedlichen Leistungsformen in Erscheinung. Es ist üblich, dass Geldleistungen (laufende Leistungen oder ein-malige Kapitalleistungen) vertraglich versprochen werden. Möglich sind aber auch sonstige Leistungen wie Deputate, beispielsweise das exotisch anmutende Anrecht des Brauereimeisters im Ruhestand auf eine Kiste Bier pro Zeiteinheit.

Bei der Finanzierungsart wird letztlich die Frage nach der wirtschaftlichen Herkunft der Leistungen gestellt. Die kommt entweder vom Arbeitgeber (Arbeit-geberfinanzierung) oder vom Arbeitnehmer (Arbeitnehmerfinanzierung). Die Einbindung Dritter ist denkbar, wenn man beispielsweise an die gesetzliche Insolvenzsicherung (Pensionssicherungsverein PSV a. G.) denkt. Dieser tritt für gesetzlich unverfallbare Anwartschaften und laufende Leistungen dann ein, wenn der Arbeitgeber einen Durchführungsweg in der Art umsetzt, dass dieser insolvenzsicherungspflichtig ist. Insolvenzsicherungspflichtig sind die PZ, die UK und der PF, ausnahmsweise auch die DV. Die Finanzierung einer Leistung erfolgt also grundsätzlich durch die Vertragspartner des Arbeitsvertrages, aus-nahmsweise durch Dritte. Diese Dritten müssen aber aufgrund eines Vertrags (zum Beispiel eine Schuldübernahme) oder durch Gesetz (wie die Insolvenz-sicherung durch den PSV a. G.) dazu rechtlich verpflichtet sein.

Entwicklungsphasen von Betriebsrentenansprüchen

Die Entwicklung teilt sich auf in die Anwartschaftsphase und die Leistungsphase (vgl. Abb. 1.1). In der Anwartschaftsphase entsteht das Rentenstammrecht mit dem Zusagebeginn in Verbindung mit der Unverfallbarkeit der Anwartschaft, auf

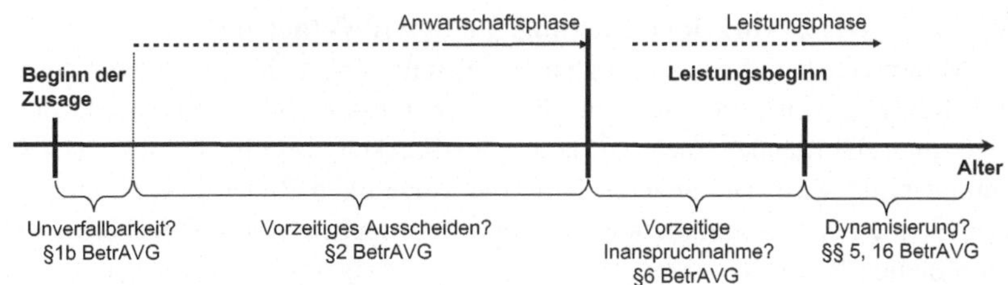

Abb. 1.1 Entwicklungsphasen von Betriebsrentenansprüchen. (Quelle: eigene Darstellung)

die sich ein Berechtigter dann zum vertraglich vorgesehenen Leistungszeitpunkt berufen kann. Seit 2018 sind nach dem Ausscheiden auch unverfallbare Anwartschaften zu dynamisieren, um dem Aushöhlen der Versorgung durch eine Geldentwertung entgegenzusteuern.

Die Leistung erfolgt zum vertraglich vorgesehenen Zeitpunkt (zum Beispiel ab Alter 67). Vertraglich oder gesetzlich vorgesehen sind häufig vorzeitige Inanspruchnahmen (zum Beispiel ab Alter 62). Dabei unterläuft der Berechtigte die eigentlich vorgesehene Vertragslaufzeit und nimmt die Versorgung früher in Anspruch. Nach dem Leistungsbeginn sind laufende Leistungen zu dynamisieren, um dem Aushöhlen der Versorgung durch eine Geldentwertung entgegenzusteuern.

Den so entstehenden drei großen logischen Abschnitten hat der Gesetzgeber drei verschiedene gesetzliche Regelungskreise zugeordnet.

Vorgeschaltet ist die Frage, ob eine Anwartschaft tatsächlich unverfallbar ist, also dem Mitarbeiter schon „gehört". Diese Frage nach einem Anspruch dem Grunde nach wird über § 1b BetrAVG beantwortet.

Regelungskreis 1 (Vorzeitiges Ausscheiden, § 2 BetrAVG)
Die Frage nach der Höhe von Ansprüchen bei Ausscheiden vor dem frühestmöglichen Leistungszeitpunkt wird über § 2 BetrAVG beantwortet. Grundsätzlich soll der Mitarbeiter von dem geplanten Endanspruch so viele Prozent erhalten, wie er von der geplanten Betriebszugehörigkeit geschafft hat (die sogenannte Quotierung). Wer beispielsweise von geplanten 20 Jahren nur auf zehn Jahre Betriebszugehörigkeit (also 50 %) kommt, bekommt von geplanten 100.000 EUR nur 50 %, dann aber zum vertraglich vorgesehenen Leistungszeitpunkt. Ursprünglich nur ausnahmsweise, in der neueren Zusagepraxis aber inzwischen der Normalfall, ist eine Koppelung des Versorgungsversprechens an diejenigen Leistungen, die sich aus den tatsächlich oder fiktiv erfolgten Liquiditätsströmen ergeben, wie es zum Beispiel bei einer Entgeltumwandlung vorgeschrieben ist.

Regelungskreis 2 (Vorzeitige Leistung, § 6 BetrAVG [analog])

Der Mitarbeiter hat einen erzwingbaren Leistungsanspruch, wenn er die gesetzliche Rente vorzeitig in Anspruch nimmt. So muss er in der Ruhestandsphase nicht unter Umständen mehrere Jahre überbrücken, bis die betriebliche Versorgung fällig wird. Die anderen Fälle des vorzeitigen Ruhestands beruhen auf einer vertraglichen Vereinbarung. Da der Arbeitgeber (oder Versicherer) aber nun plötzlich länger Versorgungen zahlen soll als eigentlich vorgesehen, ist eine Kürzung der Leistungen anerkannt. Die Berechnungsmaßstäbe richten sich dabei nach § 6 BetrAVG (ggf. in entsprechender Anwendung) und reichen von einer pauschalen Kürzung von 0,5 % pro Monat der vorzeitigen Inanspruchnahme bis zu den anders berechneten Leistungen eines Versicherungstopfes, der auf Basis der vertraglichen Regeln im Deckungsverhältnis eine entsprechende Kürzung vornimmt.

Recht häufig sind Fälle, in denen sich ein vorzeitiges Ausscheiden mit einer vorzeitigen Inanspruchnahme überschneiden. Da das eine aber die enttäuschte Betriebstreue, das andere eine unerwartet längere Leistungsphase ausgleichen soll, ist eine kumulative Anwendung seit jeher anerkannt (die sogenannte doppelte Kürzung).

Regelungskreis 3 (Leistungsphase, §§ 5, 16 BetrAVG)

Irgendwann tritt der Berechtigte in die Leistungsphase ein. Er wird Leistungsempfänger und verlässt so den Kreis der Leistungsanwärter. Naturgemäß kann erst in diesem Moment eine ordnungsgemäße Erstleistung festgelegt werden, weil diese je nach der konkreten Zusage beispielsweise von Verrechnungsklauseln mit gesetzlichen Renteneinkünften abhängt. Ist erst einmal die gerichtlich auch überprüfbare Erstrente festgelegt, so ist diese zu dynamisieren. Das Regelwerk rund um § 16 BetrAVG verweist grundsätzlich auf Themen wie den Verbraucherpreisindex, dem die wirtschaftliche Lage des Anpassungsverpflichteten entgegengehalten werden kann.

Um keine Missverständnisse aufkommen zu lassen, hat der Gesetzgeber über das Auszehrungs- und Anrechnungsverbot in § 5 BetrAVG klargestellt, dass die Dynamik nach Leistungsbeginn von externen Einflüssen wie kollidierenden Dynamiken von zu verrechnenden gesetzlichen Renteneinkünften „freizurechnen" sind. Auch hier wird der Berechtigte nach dem Leistungsbeginn vor dem Aushöhlen der Versorgung geschützt.

Hinsichtlich der Verjährung gelten in der betrieblichen Altersversorgung besondere Spielregeln. Da Ansprüche auf Leistungen aus der betrieblichen Altersversorgung nach 30 Jahren verjähren, ein Anspruch aber erst zum Leistungsfall auflebt, blockiert das auf dem Weg dahin viele andere Verjährungsfristen.

Die Anwartschaften selbst können daher nicht verjähren, Auskunftsrechte sind auch nach 20 Jahren noch aktuell. Kapitalzahlungsverlangen können auch von dem bestellten Vormund eines 85-jährigen Alzheimerpatienten geltend gemacht werden. Das bedeutet, dass die Verwaltung einer betrieblichen Altersvorsorge den Berechtigten erst 30 Jahre nach dem vertraglich vorgesehenen Leistungsfall „ad acta" legen darf. Zusammen mit der Anwartschaftsphase bindet eine betriebliche Altersversorgung etwa 50 bis 60 Jahre lang.

Ausgangssituation: Fakten zur alten bAV-Welt {2}

Die Nutzung der bAV in den Belegschaften in Deutschland ist bei weitem nicht so hoch wie von vielen Seiten angestrebt oder gewünscht. Trotz einiger Nachbesserungen und Korrekturen hat es die bAV nicht geschafft, ihr wahres Potenzial zur Absicherung im Alter auszuschöpfen und die ihr zugedachte Aufgabe als „zweite Säule" der Alterssicherung auszufüllen. So bleibt leider der jährliche Anstieg der Arbeitnehmer mit bAV (vgl. Bundesministerium für Arbeit und Soziales 2016a) immer noch deutlich hinter dem Anstieg der sozialversicherungspflichtigen Beschäftigten zurück (vgl. Bundesagentur für Arbeit 2017).

Wenn man dann noch berücksichtigt, dass sich der durchschnittlich geleistete Beitrag in den Durchführungswegen Direktversicherung, Pensionskasse oder Pensionsfonds in Höhe von 100 EUR seit 2010 fast nicht verändert hat (Bundesministerium für Arbeit und Soziales 2016b, S. 60, 70, 92), die Löhne jedoch im gleichen Zeitraum um nahezu vier Prozent gestiegen sind (vgl. Statista 2018), dann wird die rückläufige Realentwicklung der bAV sofort deutlich.

Obwohl aktuelle Umfragen immer wieder belegen, dass sich viele Arbeitnehmer der schlechten Versorgung durch die gesetzlichen Rentensysteme bewusst sind und die Notwendigkeit der eigenen zusätzlichen Vorsorge erkennen, ist die Bereitschaft Eigeninitiative zu ergreifen scheinbar nicht stark genug ausgeprägt. Besonders jüngere Menschen scheinen diese Fakten noch nicht angenommen zu haben oder verdrängen sie. Ältere Jahrgänge nutzen dagegen auffällig stark in der zweiten Hälfte des Erwerbslebens die Vorteile dieser Vorsorgeform über den Arbeitgeber.

Fragt man die Betroffenen nach der Ursache für die Nicht-Inanspruchnahme der bAV, geben fast die Hälfte aller Arbeitnehmer an, dass sie keinerlei Informationen oder Angebote vonseiten des Arbeitgebers erhalten haben, aber grundsätzlich offen dafür wären. Hier zeigt sich besonders deutlich, dass die Arbeitgeber

© Springer Fachmedien Wiesbaden GmbH, ein Teil von Springer Nature 2019
A. Bußler und M. Sobau, *Das BRSG im Mittelstand*, essentials,
https://doi.org/10.1007/978-3-658-23214-6_2

und Personalverantwortliche im normalen Unternehmensalltag zu wenig über die bAV informieren und leider viel zu selten über die Vorteile der betrieblichen Vorsorge gesprochen wird.

Es drängt sich dann die Frage auf, warum Arbeitgeber dies nicht oder zu selten tun. Immerhin könnten sie doch gerade die Vorteile der bAV als personalpolitisches Instrument nutzen, um im Kampf um die Talente und Fachkräfte zusätzliche Pluspunkte mit dieser Vorsorgeform zu sammeln und im Wettbieten um potenzielle Bewerber weitere betriebliche Benefits zu bieten.

Manchmal sind es unbegründete Bedenken der Arbeitgeber vor zu viel Verwaltung und administrativem Aufwand. Sicherlich wurde hier früher den Arbeitgebern einiges an „Papierwust" zugemutet, doch zwischenzeitlich ist der Aufwand deutlich geringer geworden und dank der Digitalisierung überschaubar. Hier gibt es die Tendenz, dass gerade durch die Digitalisierung mehr Informationen in den Unterlagen untergebracht werden, über die sich ein Arbeitgeber im Klaren sein sollte.

Zusätzlich ist es dann auch die Unkenntnis über die Materie der bAV. Dies ist begründet in der Tatsache, dass besonders in kleinen und mittelständischen Betrieben der „Chef" als Unternehmer selbst oft nicht angestellt ist und daher selbst aufgrund seines Status die Vorteile der bAV nicht nutzen kann. Also fehlt hier die Vorbild- oder Vormachfunktion des Unternehmers. Daraus resultiert dann auch die mangelnde Kenntnis der Möglichkeiten. Was dann der Chef nicht kennt oder nutzt, kann er an die Belegschaft nicht weitergeben oder empfehlen. Hier sollte einer der Ansatzpunkte in jedem Unternehmen (egal welche Betriebsgröße vorliegt) sein. Die Inhaber und Personalverantwortlichen sollten mit gutem Beispiel voran gehen und entweder selbst die bAV nutzen oder empfehlen. Hierin liegt auch eine soziale Verantwortung eines Arbeitgebers gegenüber seiner Belegschaft.

Oft fehlt es in diesen Betrieben dann noch an qualifizierten und verständlichen Informationen oder guter persönlicher Betreuung und Beratung durch erfahrene bAV-Spezialisten für die Inhaber und die Belegschaft.

Als letzter Hemmschuh wird von den Verantwortlichen oft die Furcht vor einer möglichen Haftung für den Arbeitgeber angeführt. Auch wenn dies bisher nur sehr selten der Fall war, ist es doch die Angst vor ungewollter Inanspruchnahme und möglichen finanziellen Schaden für das Unternehmen oder den Unternehmer.

Im Ergebnis wird über die Möglichkeiten der bAV einfach nicht oder viel zu selten geredet und unzureichend informiert. Genau diese Kommunikation ist der wesentliche Ansatzpunkt zur Verbesserung der Situation und genau deshalb hat der Gesetzgeber hier die Arbeitgeber mehr als jemals zuvor in die Pflicht genommen.

Das BRSG 3

3.1 Fakten zu neuen bAV Welt und Zielsetzung des Gesetzes

Die bisherige betriebliche Altersvorsorge wurde zuletzt 2002 mit dem damals neu eingeführten Entgeltumwandlungsanspruch des Arbeitnehmers grundlegend erneuert. Seitdem wurde lediglich immer wieder angepasst, aber nicht wirklich etwas neu definiert. Diese also längst fällige Aktualisierung geschah nun mit dem Betriebsrentenstärkungsgesetz, das seit dem 1. Januar 2018 gilt.

Ziel des Gesetzgebers ist es, die Verbreitung der bAV besonders in kleinen und mittelständischen Betrieben deutlich zu forcieren, um das Problem der Alterssicherung zumindest teilweise zu lösen oder zu verbessern. In größeren Betrieben und in der Industrie wird die bAV nachweislich deutlich öfter und intensiver genutzt als in kleineren Betrieben. Daher hat das neue BRSG besonders die Gegebenheiten der Mehrheit aller Betriebe – dem Mittelstand – ins Visier genommen.

Durch mehrere Gutachten gestützt (etwa durch das vom BMF beauftragte Gutachten von Kiesewetter et al. 2016) wurden also konkrete Reformvorschläge zur Verbesserung der Situation und damit zur besseren Versorgung der Belegschaften erarbeitet. Einige dieser Vorschläge greift das Betriebsrentenstärkungsgesetz konkret auf und versucht damit die Wünsche der Arbeitgeberseite nach „Einfachheit, Transparenz und Flexibilität" zu erfüllen.

Gleichzeitig soll die bAV für die Arbeitnehmer deutlich attraktiver werden und zukünftig endlich den Stellenwert erhalten, den sie verdient hat. Durch neue verpflichtende Zuschüsse soll sich die Rentabilität für die Betroffenen deutlich erhöhen und durch umfangreiche Informationen und damit verbunden Pflichten des Arbeitgebers der Verbreitungsgrad besonders in kleinen und mittelständischen Betrieben steigen.

© Springer Fachmedien Wiesbaden GmbH, ein Teil von Springer Nature 2019   11
A. Bußler und M. Sobau, *Das BRSG im Mittelstand,* essentials,
https://doi.org/10.1007/978-3-658-23214-6_3

Das Bundeskabinett hat dann am 1. Juni 2017 das Gesetz verabschiedet (Plenarprotokoll 18/237, 24 069 f.) und der Bundesrat hat in seiner letzten Sitzung vor der Sommerpause am 7. Juli 2017 dem Gesetz zugestimmt (BR-Drs. 447/17 (B)).

3.2 Wichtigste Neuerungen durch das BRSG

Im Folgenden werden die wesentlichen Neuerungen im Recht der betrieblichen Altersversorgung dargestellt und die praktische Umsetzung im Unternehmen beleuchtet.

3.2.1 Neue Informationspflichten

Die Informationspflichten des Arbeitgebers sind zum 1. Januar 2018 deutlich ausgeweitet worden.

- Ein Arbeitgeber muss seitdem über das OB und WIE einer bAV informieren (das ist das eigentliche Hauptproblem).
- Der Arbeitgeber muss über die künftigen Ansprüche aufklären.
- Dabei muss er das Szenario einer vorzeitigen Beendigung oder Unterbrechung des Arbeitsverhältnisses einbeziehen (zum Beispiel Vorruhestand, Altersteilzeit oder längerer Krankheit).
- Ebenso muss er über die Auswirkungen von Beitragssenkungen oder einer Beitragsfreistellung informieren (zum Beispiel Elternzeit, Sabbatical oder sonstigen Beitragspausen).
- Die Pflicht, über Werte bei einer Deckungskapitalübertragung zu informieren, liegt neben dem Neuarbeitgeber nun zusätzlich auch noch beim Altarbeitgeber.

Streng genommen sind die veränderten Informationspflichten kein Teil des BRSG, sondern eines früher entstandenen anderen Gesetzes, welches auf EU-Anforderungen aus Brüssel reagiert. Beide Gesetze gelten nur gleichzeitig seit dem 1. Januar 2018.

Bisher genügte es, dem Mitarbeiter auf Nachfrage seine Ansprüche mitzuteilen. Das reicht nun nicht mehr aus. Dem Mitarbeiter soll ähnlich einer Renteninformation ein Maßstab vorgelegt werden, aus dem er seine persönliche Alterssicherung ableiten kann. Deshalb ist die seit einigen Jahren automatisch zugesendete Rentenauskunft der gesetzlichen Rentenversicherung ein guter Maßstab.

Der sehr klare Gesetzestext zeigt dies in § 4a I BetrAVG auf:

Der Arbeitgeber oder der Versorgungsträger hat dem Arbeitnehmer auf dessen Verlangen mitzuteilen,

1. *ob und wie eine Anwartschaft auf betriebliche Altersversorgung erworben wird,*
2. *wie hoch der Anspruch auf betriebliche Altersversorgung aus der bisher erworbenen Anwartschaft ist und bei Erreichen der in der Versorgungs-regelung vorgesehenen Altersgrenze voraussichtlich sein wird,*
3. *wie sich eine Beendigung des Arbeitsverhältnisses auf die Anwartschaft auswirkt und*
4. *wie sich die Anwartschaft nach einer Beendigung des Arbeitsverhältnisses entwickeln wird.*

Der Mitarbeiter soll zunächst also wissen, ob und wie er überhaupt Ansprüche innerhalb des Unternehmens erwirbt. Rechtlich gesehen weiß das Unternehmen per Definition, welche Versorgungszusagen im Unternehmen erteilt worden sind und informiert seinen Mitarbeiter über den Durchführungsweg, die Zusagearten oder die Inhalte der Versorgungsordnung. Dieses Wissen sollte auch wegen der Auskunftspflicht gegenüber einem Familiengericht im Falle einer Scheidung eines Mitarbeiters und dem daher anstehenden Versorgungsausgleich selbstver-ständlich sein. In der Praxis ist das aber gar nicht so einfach.

Offensichtlich sind Ansprüche, die auf einem Vertrag beruhen, der idealer-weise in der Personalakte abgeheftet ist. Nicht so offensichtlich sind Ansprüche, die auf versteckten Pfaden den Arbeitgeber rechtlich binden, aber noch gar nicht entdeckt worden sind.

Beispiel

Beispiele für noch unerkannte Verpflichtungen sind: Zusagen, deren Rechts-begründungsakt auf betrieblicher Übung beruht. Versicherungspolicen, die nicht nur nach § 4 II Nr. 2 BetrAVG über eine Deckungskapitalübertragung, sondern nach § 4 II Nr. 1 BetrAVG tatsächlich als Vertrag übernommen wur-den und so durch die entstehende Schuldübernahme Rechtsfehler eines Vorarbeitgebers übernommen wurden. Ein Beispiel für einen solchen Rechts-fehler wäre ein Verstoß des Vorarbeitgebers gegen die Pflicht, einen Entgelt-umwandlungsbetrag mit einer Arbeitgeberfinanzierung zu flankieren (zum Beispiel Verstoß gegen §§ 2, 6 III des Tarifvertrags zur betrieblichen Alters-versorgung und Entgeltumwandlung der Medizinischen Fachangestellten/ Arzthelferinnen Westfalen-Lippe). Das zu korrigieren liegt per Definition beim neuen Arbeitgeber. So wäre zum Beispiel ein Verstoß des Vorarbeitgebers in dem benannten Tarifvertrag gegen die Pflicht, aufgelaufene Arbeitgeberbeiträge nachzuzahlen (§ 2 XII TV-Arzthelferinnen) durch den Folgearbeitgeber zu korrigieren.

Das kleinste Praxisproblem ist dabei noch, dass Mitarbeiter beispielsweise bei rein arbeitgeberfinanzierten Direktversicherungen häufig gar nicht über deren Existenz informiert wurden. Spätestens wenn der Versicherer nach Jahrzehnten zu leisten versucht und den Berechtigen nicht findet, wendet er sich an den Vertragspartner, also den Arbeitgeber oder dessen Nachfolger. Dieser kann nicht so einfach auf die grundsätzliche Pflicht des Mitarbeiters verweisen, dass der seine Ansprüche auf Rente als Holschuld geltend zu machen habe. Weiß der Mitarbeiter nämlich mangels Information spätestens bei Ausscheiden nichts von seinem Glück, kann er eben keine Ansprüche geltend machen. Wenn der Arbeitgeber eben das ausnutzend nicht den Mitarbeiter aktiv sucht und informiert, verzichtet der Mitarbeiter irrtumsbedingt auf einen in Wahrheit ihm zustehenden werthaltigen Anspruch. Da kann man durchaus über Betrug nachdenken, der nach § 263 StGB strafbar wäre. Nicht umsonst bieten die Lohnabrechnungsprogramme zum Beispiel auch bei rein arbeitgeberfinanzierten Versicherungen die Option an, eine Nachweisbuchung auf der Abrechnung einzufügen, ohne das steuerrechtliche oder sozialversicherungsrechtliche Abgabengefüge zu verändern.

> **Für die Praxis:** Richten Sie Ihre Verwaltung so ein, dass Sie dem Mitarbeiter bei Ausscheiden über die vorhandene betriebliche Altersversorgung und die Ansprechpartner bei einer Inanspruchnahme nachweisbar informieren. So bringen Sie den Mitarbeiter in Zugzwang. Tendenziell muss dann nämlich der Mitarbeiter Sie (oder einen Rechtsnachfolger) bzw. den Versorgungsträger wie eine Versicherung über sich ändernde Kontaktdaten informieren – und nicht umgekehrt.

Ein viel größeres Praxisproblem ist die Frage, ob ein Unternehmen tatsächlich weiß, was es in der Vergangenheit an Zusagen produziert hat. Das ist eigentlich eine reine Verwaltungsaufgabe. Aber selbst wenn die Sachbearbeiter bei einem Personalwechsel eine umfassende Übergabe machen, wird gern übersehen, dass das Rentenstammrecht ohne Verjährungsablauf bis zum Leistungszeitpunkt „geparkt" wird, um dann für weitere 30 Jahre zu bestehen. In der Praxis passiert es recht häufig, dass Personalakten von ehemaligen Mitarbeitern, die aus der steuerlichen Aufbewahrungsfrist von zehn Jahren herausgefallen sind, vernichtet werden. Das ist keine gute Idee, da so Informationen vernichtet werden, die nach 15 Jahren zum Beispiel von einem Familiengericht wegen eines Versorgungsausgleichs angefordert werden können. Zumindest in Fällen einer versicherungsförmigen Lösung bleibt nur noch die Hoffnung auf einen Versorgungsträger. Dieser ist wegen des immer noch bestehenden Vertrags im Deckungsverhältnis naturgemäß darauf angewiesen, im Leistungsfall auch 30 Jahre später noch Unterlagen zu haben.

▶ **Für die Praxis:** Erstellen Sie eine Liste über die bestehenden (also die bekannten und unbekannten) Versorgungszusagen aller aktiven und ausgeschiedenen Mitarbeiter. Dabei hilft es, wenn Sie sich selbst (oder Ihrer Verwaltung oder Ihrem Dienstleister) die fiktive Aufgabe stellen, dass eine Auskunft nach § 4a BetrAVG zu erteilen ist. Bei diesem Versuch werden wichtige Informationslücken in den Personalakten aufgedeckt. Sie verschaffen sich selbst so einen recht präzisen Maßstab dafür, welche künftigen Risiken und damit Haftungsfälle aus dem Thema Betriebsrenten heraus auf das Unternehmen zukommen können und können konkrete Lösungen rechtzeitig angehen.

Wegen der Wichtigkeit sei an dieser Stelle nochmals an die lange Verjährung insbesondere im Bereich von Direktzusagen und Unterstützungskassen erinnert: ein ausgeschiedener Mitarbeiter gehört auch dann auf die Liste, wenn er laut Akte inzwischen 90 Jahre alt ist und die Leistung durch eine Versicherung als Versorgungsträger erfolgt. Auch diesem ist im Umfeld seiner Ansprüche auf Mitwirkungshandlungen zur Verschaffung der Versorgungsansprüche Rede und Antwort zu stehen.

Die Überlegung, sich einfach aus dem Geschäftsleben zurückzuziehen und die Sorgen so los zu werden, hilft dabei nicht, da sich an den weiter bestehenden Ansprüchen nichts ändert. Die betriebliche Altersversorgung ist ein recht starkes Löschungshindernis. Auch wenn dies von den zuständigen Gerichten und Liquidatoren gerne übersehen wird und wegen der fehlenden Vollbeendigung zu Unrecht gelöscht wird.

▶ **Für die Praxis bei Liquidation:** wollen Sie Ihr Unternehmen liquidieren, geben Sie die Verwaltung an einen Dienstleister bzw. an den ehemaligen Mitarbeiter selbst ab. Bei versicherungsförmigen Wegen hilft die versicherungsvertragliche Lösung. Für den Fall, dass Sie selbst verpflichtet sind, hat der Gesetzgeber die Liquidationsdirektversicherung vorgesehen.

▶ **Für die Praxis:** Die Auslegung von unklaren Formulierungen der Versorgungsordnungen, Betriebsvereinbarungen etc. ist ein häufiger Fall, aufgrund dessen Betriebsrentenansprüche gerichtlich entschieden werden müssen. Achten Sie im Fall unmittelbarer Pensionszusagen darauf, dass die Berechnungen von Aktuaren tatsächlich auch auf dem Vertragstext der Zusage beruhen. Naturgemäß sind die Aktuare nicht dafür zuständig, Unklarheiten oder Widersprüche in der Zusage durch Auslegung des Vertragstextes zu beseitigen. Die Praxis zeigt, dass sich die Aktuare durch Klauseln im Berechnungsauftrag eben dagegen absichern. Gute Aktuare weisen aber mit ihrem großen Erfahrungsschatz eigenständig auf Formulierungen hin, die sie für rechtlich risikoreich halten.

▶ **Für die Praxis bei Unternehmenskäufen:** Vergessen Sie bei der Übernahme von fremden Unternehmen nicht, sich auch die Art der Verwaltung der betrieblichen Altersvorsorge anzuschauen. Dort sind häufig erhebliche Potenziale enthalten, den Aufwand für die Heilung schlechter Verwaltung als Kaufpreisminderung in Rechnung zu stellen. Umgekehrt schützt eine gute und umfassende bAV-Verwaltung auf aktuellem Stand den Verkäufer vor einer überraschenden bzw. schmerzhaften Kaufpreisminderung.

Die Berechnung der Höhe des künftigen Anspruches ist üblicherweise kein Problem. Entweder sorgt ein aktuarieller Mitarbeiter oder Dienstleister für die Berechnung von Pensionsverpflichtungen, oder der Versorgungsträger (wie eine Versicherung oder Pensionskasse) erteilt eine entsprechende Bescheinigung.

Die Frage nach den Auswirkungen und der Entwicklung der Ansprüche nach einem Ausscheiden ist grundsätzlich recht einfach. Bei den unmittelbaren Durchführungswegen lässt man den Mitarbeiter einfach fiktiv ausscheiden, bei den mittelbaren Durchführungswegen werden die Versorgungsträger voraussichtlich zu einer fiktiven Beitragsfreistellung greifen. So wird ein Maßstab dafür produziert, wie sich ein Ausscheiden und die so ausgelöste Unterbrechung der sich aufbauenden Ansprüche auswirken.

Etwas komplizierter wird dies mit Blick auf die vielen Kombinationsmöglichkeiten, wann ein Versorgungsfall eigentlich vorliegen kann. Letztlich wird ein individueller Katalog zu erstellen sein, der die verschiedenen Szenarien berücksichtigt. Bestehen alle Leistungsarten (Alter-/Hinterbliebenen-/Invalidenzusagen), kann das manchmal recht kompliziert werden. Das gilt insbesondere für Systeme, deren konkrete Höhe der Zusage von Variablen wie zu erwerbenden Bausteinen in Kombination mit Gehaltsbändern oder einer Endgehaltsbezogenheit abhängig ist.

Für normal gelagerte Versorgungsfälle sollte an Zahlen für folgende Szenarien gedacht werden:

- Der Mitarbeiter scheidet aus und nimmt die Versorgung zum geplanten Endzeitpunkt (zum Beispiel Alter 67) in Anspruch.
- Der Mitarbeiter scheidet aus, nimmt diese aber vorzeitig in Anspruch (Kombination des vorzeitigen Ausscheidens mit der vorzeitigen Inanspruchnahme).
- Der Mitarbeiter scheidet aus, wird aber vor oder nach der vorzeitigen Inanspruchnahme invalide oder verstirbt.

Solche Zahlen liefern viele versicherungsförmige Versorgungsträger meist schon seit vielen Jahren standardmäßig. Hier sollte ein Blick in die jährlichen Bescheinigungen über den Versicherungsverlauf genügen, um sich ein Bild zu machen. Muss das Unternehmen aufgrund einer direkten Verpflichtung selbst rechnen (oder rechnen lassen), empfiehlt sich eine diesbezügliche Abstimmung, welches Szenario die individuell vorliegenden Versorgungsregelungen umfänglich und rechtssicher abdeckt. Sonderfälle zu skizzieren, wie eine fiktiv zwischenzeitlich eingetretene Schwerbehinderung mit dem so greifenden Recht nach SGB IX, wird wohl nicht zum Pflichtenkatalog zu zählen sein.

Mit einer zusätzlichen Erweiterung der Informationspflichten für Arbeitgeber versucht der Gesetzgeber nun, ein ärgerliches Praxisproblem in den Griff zu bekommen und die Arbeitgeber hinsichtlich der vorhandenen Werte bei Deckungskapitalübertragungen gleichzeitig in die Pflicht zu nehmen.

Der Ausgangspunkt ist die Tatsache, dass der Arbeitnehmer einen neuen Arbeitgeber nicht zur Vertragsübernahme zwingen kann. Bevor der Arbeitnehmer den Vertrag aber beitragsfrei stellen und sogar mit neuen Vertragskosten einen neuen Vertrag beim neuen Arbeitgeber abschließen muss, hat er zumindest das Recht, das in einem Altvertrag vorhandene Kapital in einen vom Neuarbeitgeber vorgegebenen Neuvertrag als „Startkapital" einzubringen (=Deckungskapitalübertragung). Finanzielle Belastungen des Arbeitnehmers durch mehrfache Vertragskosten etc. werden durch dieses Recht auf Deckungskapitalübertragung vermieden.

Rechtlicher Hinweis: *An das notwendige „Verlangen" des § 4a II BetrAVG sind gerade aufgrund der Schutzrichtung des juristisch unbewanderten Arbeitnehmers geringe formelle Anforderungen zu stellen. Es ist davon auszugehen, dass schon in der Vorlage eines Altvertrags als Aufforderung zur Übernahme nach § 4 II*

Nr. 1 BetrAVG die konkludente Willenserklärung enthalten ist, im Falle der zulässigen Verweigerung des Arbeitgebers der Übernahme dann eben eine Übertragung nach § 4 III BetrAVG zu verlangen.

Sowohl bei Altarbeitgeber, wie auch Neuarbeitgeber ist insofern davon auszugehen, dass im Verlangen nach einer Kapitalübertragung die konkludente Willenserklärung enthalten ist, nach § 4a II BetrAVG darüber informiert zu werden, wie hoch ein Übertragungswert und die darauf beruhenden Leistungen ausfiele.

Die meisten Marktteilnehmer für bAV-Produkte aus der Finanzdienstleistung haben sich zur Umsetzung dieser Regeln dem Deckungskapitalübertragungsabkommen angeschlossen. Das ermöglicht es, recht verwaltungsarm und kundenorientiert solche Mitarbeiterfluktuationen versicherungstechnisch auch tatsächlich zu begleiten.

Allerdings kann es je nach Vorvertrag aber sehr ungünstig sein, überhaupt eine Übertragung des Deckungskapitals vorzunehmen. Daher hat der Mitarbeiter ein Interesse daran, dass die Übertragungswerte und das so resultierende „Startkapital" und die entsprechenden Leistungen zunächst in das Angebot des neuen Arbeitgebers integriert werden. Nur so kann er sich darüber klar werden, ob er das Angebot überhaupt annehmen will. Dieses logische Vorgehen versuchen manche begleitende Finanzdienstleister zu umgehen, um ihren Verwaltungsaufwand zu minimieren. Schließlich müssten sie bei ungewissem Beratungsergebnis fremde Berechnungsergebnisse in das eigene Angebot einbauen. Und die wollen auch erst einmal recherchiert sein. So wird der vorgezeichnete Weg einfach abgekürzt: es wird direkt das Formular zur Deckungskapitalübertragung verwendet, statt zunächst die Daten beim Altversicherer anzufordern und in das eigene Angebot einzubauen.

Kommt der Arbeitgeber einem so entstandenen Übertragungsverlangen ungeprüft nach, versteckt sich hier ein Haftungsproblem. Eigentlich ignoriert er eine zuvor abgegebene Willenserklärung des Mitarbeiters, ihn vor Übertragung mit Informationen zu versorgen. Stellt sich die Übertragung als ungünstig heraus, würde der Mitarbeiter dem Arbeitgeber nun vorhalten, dass er die Übertragung nie gemacht hätte, hätte er das vorher gewusst. Der Arbeitgeber verteidigt sich absehbar damit, dass der Mitarbeiter mit der direkten Übertragung bewusst auf sein Interesse verzichtet hätte, vorher mit Informationen versorgt zu werden.

Damit wird das zu einem Problem möglicherweise verletzter Aufklärungspflichten: nur wenn ausreichend aufgeklärt wurde, dass bei direkter Übertragung kein Zurückrudern mehr möglich ist, falls sich die Zahlen als schlecht herausstellen – dann kann davon ausgegangen werden, dass das Verlangen einer vorherigen Aufklärung wirksam übersteuert worden ist. Welche der Folgen im konkreten Einzelfall ausgelöst worden sind, dürfte aber wohl nur vor Gericht geklärt werden können.

▶ **Für die Praxis:**
Bestehen Sie bei einem vorhandenen Dienstleister zur Vermittlung von Verträgen zur betrieblichen Vorsorge darauf, dass dieser bei der Umsetzung einer Übertragung Ihrem neuen Mitarbeiter vor einer Übertragung zunächst die vollständigen Zahlen liefert.

Nur so kann sich der neue Mitarbeiter entscheiden, ob sich eine Übertragung lohnt und ob er die Einbindung in einen neuen Vertrag beim neuen Arbeitgeber überhaupt zu verlangen wünscht. Achten Sie auch auf eine genaue Protokollierung dieses Entscheidungsprozesses.

3.2.2   Arbeitgeberzuschuss

Durch das BRSG wird ein neuer zwingender Arbeitgeberzuschuss eingeführt. Der neue Arbeitgeberzuschuss bedeutet im Kern:

- Im Falle der Nutzung des Sozialpartnermodells ist seit dem 1. Januar 2018 ein sofort unverfallbarer Arbeitgeberzuschuss in Höhe von 15 % des umgewandelten Betrages zu leisten, soweit der Arbeitgeber durch die Entgeltumwandlung Sozialversicherungsbeiträge einspart
- Außerhalb des Sozialpartnermodells gilt diese Regelung bei den ab dem 1. Januar 2019 neu ausgesprochenen Versorgungsversprechen (Neuverträge) ebenfalls.
- Für alle anderen, also für bereits bestehende und bis Ende 2018 noch abgeschlossene Zusagen oder Verträge, gilt dann der Zuschuss ab dem 1. Januar 2022.
- In einigen Jahren werden also ohne Ausnahme alle Entgeltumwandlungen mit einem Arbeitgeberzuschuss erhöht werden müssen, soweit diese mit Sozialversicherungsbeitragsersparnissen beim Arbeitgeber zusammenhängen und auf einem externen Durchführungsweg basieren.

Die meisten und auch vom Gesetzgeber in den Fokus genommenen Fälle werden so gelagert sein, dass ein Mitarbeiter durch seine Entgeltumwandlung beim Arbeitgeber mehr als 15 % Lohnnebenkostenersparnis auslöst. Das liegt daran, dass ein durchschnittlicher Arbeitnehmer ein Einkommen unterhalb der BBG Berufsgenossenschaft, BBG Rentenversicherung und BBG der Krankenversicherung hat.

Da eine Entgeltumwandlung das steuerliche und sozialversicherungsrechtliche Bruttogehalt absenkt, sinken auch die davon abhängigen arbeitgeberseitigen Abgaben. Das ist die Lohnnebenkostenersparnis aufgrund der Entgeltumwandlung der Mitarbeiter. (Im Durchschnitt liegt diese Ersparnis bei ca. 20 % des Umwandlungsbetrages – abhängig von der vorliegenden Krankenkasse).

Davon soll der Arbeitgeber nun 15 % des gewählten Umwandlungsbetrages an den Arbeitnehmer weiterreichen und direkt in eine Direktversicherung, eine Pensionskasse oder einen Pensionsfonds einzahlen. Dies war in einigen Betrieben schon als freiwillige Arbeitgeberfinanzierung durchaus anzutreffen.

Auch die Tarifparteien haben solche Reglungen schon vielfach zu beiderseitigem Vorteil umgesetzt. Wer als Arbeitgeber seine entgeltumwandlungsbedingten Lohnnebenkostenersparnisse (zumindest teilweise) weitergibt, hat diverse Ansatzpunkte, um dies personalpolitisch gegenüber den Mitarbeitern zu nutzen. Der Mitarbeiter hat schlicht eine höhere Versorgung zu erwarten.

Mit der nun für alle Arbeitgeber zwingenden Vorschrift und der gesetzlichen sofortigen Unverfallbarkeit auch des Arbeitgeberanteiles will der Gesetzgeber eine flächendeckende Umsetzung dieser bisher von einigen Unternehmen freiwillig gelebten Regelung erreichen.

Was zunächst ganz einfach klingt, wird komplex, wenn man sich bewusst einige Grenzfälle anschaut. Diese werden üblicherweise Ausnahmen sein und sollen daher nur kurz angerissen werden.

Nach wohl herrschender und auch hier als richtig angesehener Meinung ist die Regelung aufgrund der Worte „soweit er Sozialversicherungsbeiträge einspart" in Höhe von 15 % einer Art doppelter Begrenzung unterworfen.

Wer keinerlei Sozialversicherungsersparnisse durch Entgeltumwandlung verursacht, hat auch keinen Anspruch auf einen Arbeitgeberzuschuss. Fällt eine Sozialversicherungsersparnis niedriger als 15 % aus, so ist grundsätzlich genau dieser Einsparungsbetrag als Arbeitgeberzuschuss zu gewähren. Die exakte Sozialversicherungsersparnis ist folglich eine Untergrenze. Fallen die Ersparnisse jedoch gleich oder höher als 15 % aus, so stellen diese 15 % eine Obergrenze dar.

Man kann den Gesetzestext daher wie folgt lesen: Verursacht der Mitarbeiter durch Entgeltumwandlung eine Sozialversicherungsersparnis beim Arbeitgeber, so ist genau diese Nettoersparnis als Bruttobetrag an den Mitarbeiter weiterzureichen. Dieser Betrag ist auf 15 % des umgewandelten Betrags in der Höhe begrenzt. Gleichgültig welche individuellen Versorgungsregelungen auch als Arbeitgeberzuschussmodell vorhanden sind, dürfen diese Grenzen nicht unterschritten werden.

Auch Diskussionen der Wissenschaft und Praxis gibt es noch im Detail, die auch zu der unten genannten Kategorie der Zweifelsfragen des BRSG zugefügt werden könnten:

- Besteht die Pflicht zum Zuschuss auch bei den Durchführungswegen der Pensionszusage und der Unterstützungskasse? Ist mit der allgemeinen Formulierung „soweit er durch Entgeltumwandlung Sozialversicherungsbeiträge einspart" gemeint, dass der Zuschuss nur bei versicherungsförmigen Durchführungswegen zu gewähren ist? Falls nein, stellt sich die Frage, ob der Wortlaut für die Fälle außerhalb dessen wirklich so gemeint ist, wie er klingt. Dann müsste der „Arbeitgeberzuschuss an den Pensionsfonds, die Pensionskasse oder die Direktversicherung" erfolgen, obwohl die Ursache der Sozialversicherungsersparnis außerhalb der versicherungsförmigen Wege läge.

- Wie wird der Fall behandelt, bei dem der Arbeitgeber keinen Versorgungsträger findet, der sich bei der Neueinführung des Zuschusses im Umfang von zum Beispiel 3,50 EUR monatlich weigert, solche Minimalbeträge überhaupt anzunehmen? Führt die so ausgelöste Unmöglichkeit der Verschaffung dieser Versorgung zu einer Versorgungsverpflichtung, die als unmittelbare, bilanzierungspflichtige Pensionszusage zu behandeln und entsprechend zu verwalten ist? Gibt es einen Anspruch gegen den Versorgungsträger, gesetzlich verordnete Minibeiträge anzunehmen? Das gilt gerade für die Fälle, in denen man einen Anspruch auf Zuschuss aus der Entgeltumwandlung zum Beispiel bei Pensionszusage bejaht. Korrigiert man den Gesetzeswortlaut nicht als Redaktionsversehen, dann ist der Zuschuss zwingend in einem versicherungsförmigen Durchführungsweg unterzubringen. So stellt sich die Frage, ob sich für den Arbeitgeber im Deckungsverhältnis überhaupt ein Versorgungsträger als Vertragspartner findet.

- Ist es möglich, in der Praxis schon vorhandene Arbeitgeberzuschüsse mit den künftig einzuführenden 15 % zu verrechnen? Dies ist nach vorherrschender Meinung der Literatur mit Blick auf den (häufig gar nicht kommunizierten) Zusammenhang mit einer Sozialversicherungsersparnis wohl zu bejahen – sollte aber unbedingt schriftlich vereinbart werden. Von einer automatischen Anrechnung auf bisher gewährte Zuschüsse ist zunächst nicht auszugehen, besonders dann nicht, wenn es keinen prozentualen Zuschuss gibt, sondern feste Beträge geleistet wurden.

- Und wie sieht es in dem Zusammenhang mit den pauschal besteuerten Direktversicherungen aus? Soweit der Arbeitgeber die Pauschalbesteuerung übernimmt, beruht diese eben nicht auf einer Sozialversicherungsersparnis. Ist es nun arbeitsrechtlich zwingend, dass der Arbeitgeber die Pauschalsteuer trägt und zusätzlich 15 % leistet, ohne eine Anrechnung vornehmen zu können?

▶ **Für die Praxis:**

Führen Sie bis Ende 2018 eine pauschale Arbeitgeberförderung in Höhe von mindestens 15 % eines Entgeltumwandlungsbetrags für alle bestehenden und künftigen Versorgungszusagen ein. So vermeiden Sie vor allem die Berechnung und dann die Weitergabe der exakten Sozialversicherungsersparnis mithilfe eines doppelten Durchlaufs in der Lohnabrechnung. Gleichzeitig vermeiden Sie bürokratischen Aufwand bei diesem Thema und umgehen mögliche Haftungsfolgen aus zu niedrig oder falsch berechneten Zuschüssen.

Außerdem vermeiden Sie so Unruhe unter den vorhandenen Mitarbeitern. Die gestaffelten Einführungsfristen des Zuschusses können und dürfen grundsätzlich dazu führen, dass ein Ende 2018 abschließender Mitarbeiter noch keinen Zuschuss erhält, ein Anfang 2019 abschließender Mitarbeiter aber sehr wohl. Dieses Spannungsfeld sollten Arbeitgeber definitiv umgehen und die Zuschüsse für alle Arbeitnehmer gleichzeitig einführen.

3.2.3 Sozialpartnermodell

Das Sozialpartnermodell ist wesentlicher Bestandteil des BRSG. Dadurch wird aber neben der bekannten, weiter nutzbaren und weiter bestehenden „alten bAV-Welt" eine zweite, „neue bAV-Welt" gesetzt. Diese ist gekennzeichnet durch:

- Das Sozialpartnermodell ist in vielen rechtlichen Fragen, vor allem in Themen von Kollisionen mit bestehenden Systemen, noch weitgehend ungeklärt. Die Klärung der wichtigsten Fragen wird sicherlich noch einige Zeit dauern.
- Die Hauptverantwortung für die Konstruktion und das Betreiben eines Versorgungsträgers im Sinne des Sozialpartnermodells wird vom Gesetzgeber bewusst in die Hände der Tarifparteien gelegt und gilt dementsprechend anfänglich auch nur für tarifgebundene Firmen. Nicht gebundene Unternehmen dürfen sich jedoch gern „anschließen".
- Zur Verfügung stehen die bekannten Durchführungswege der Direktversicherung, der Pensionskasse oder des Pensionsfonds. Diese sind als Sozialpartnerprodukt zunächst im Grunde Produkte aus der alten bAV-Welt, die nur die erweiterten Auflagen erfüllen müssen und so zu Produkten des Sozialpartnermodells werden und nach heutiger Erkenntnis auch von bisher bekannten Anbietern angeboten werden.

- Weder Arbeitgeber, noch die Tarifparteien, noch der PSV a. G., noch der Versorgungsträger selbst haften für die in dem Sozialpartnermodell angelegten Rentenmittel. In Kombination mit dem Garantieverbot liegt damit das Totalausfallrisiko auch bei Entgeltumwandlung erstmalig in der deutschen Geschichte der betrieblichen Altersversorgung ganz allein beim Arbeitnehmer. Auch wenn der Eintritt eines Totalausfalls durch die zu erwartenden Sicherungssysteme als höchst unwahrscheinlich angesehen wird, so ist doch die fehlende Sicherheit für die eingezahlten Beiträge und späteren Renten eine Tatsache, die Arbeitgeber ihren Arbeitnehmern ausführlich kommunizieren und dann auch dokumentieren sollten. Hier gelten ebenso wie zuvor auch die Informationspflichten des Arbeitgebers.

Mit dem Sozialpartnermodell wird somit eine neue Zusageart eingeführt, die (reine) Beitragszusage. Diese umfasst im Valutaverhältnis nur noch das reine Versprechen, die zu leistenden Beiträge im Deckungsverhältnis auch zu leisten. Es gilt hier das Prinzip „pay and forget".

Da der Arbeitgeber überhaupt nichts mehr mit der Renditefrage zu tun hat, rückt das den Berechtigten in die Nähe eines „normalen" privaten Investors, der sich analog seiner Risikoklasse darüber im Klaren sein muss, welche Risiken sein Investment beinhaltet. Es wäre nicht gut, wenn der Berechtigte von einem Renditeverlust überrascht würde.

Wenn der Mitarbeiter im Nachhinein behauptet, dass er bei den neuen Produkten von der Annahme einer „normalen Direktversicherung alte Welt" ausgegangen ist, weil er diese schon lange kennt und glaubte, dass das irgendwie das Gleiche sein würde, dann wird eine rechtliche Korrektur kompliziert. Unterstützt wird diese Haftungsproblematik dann durch die Tatsache, dass das Sozialpartnermodell von den bisher bekannten Versorgungsträgern und Anbietern der „alten" bAV-Welt angeboten wird. Aktuell laufen bereits Verhandlungen zwischen Anbietern und Sozialpartnern über die Umsetzung des Sozialpartnermodells. Hier könnte dann leicht das Gefühl des Mitarbeiters entstehen, „genau die gleiche Direktversicherung wie immer, nur von den seriösen Sozialpartnern XYZ" zu erhalten. Erfolgt hierbei keine ordnungsgemäße und vollständige Dokumentation, so gilt im Zweifel die Annahme, dass keine Aufklärung erfolgt ist und damit hat der Arbeitgeber sofort wieder ein Haftungsthema.

Rechtlicher Hinweis: *Bejaht man bei Produkten des Sozialpartnermodells hinsichtlich der Renditerisiken ein Informationsgefälle im arbeitsrechtlichen Sinne, dann droht dem Arbeitgeber über die entstehende Informationspflicht, dass die eigentlich abgeschaffte Subsidiärhaftung des § 1 I 3 BetrAVG durch die Hintertür* *wieder eingeführt wird. Der zu erwartende rechtliche Ansatz wäre der Vorwurf einer Informationspflichtverletzung über § 280 I BGB, welche den aus der Zusage definierten Verschaffungsanspruch aus § 1 I BetrAVG unzulässig schmälert. Als Anhaltspunkt, wann eine einseitige Informationspflicht des Arbeitgebers vorliegt, kann man zur Formel greifen: „Der Arbeitgeber unterliegt dann einer Informationsobliegenheit, wenn der Mitarbeiter mit seiner Selbstinformationsobliegenheit absehbar überfordert ist". Regelmäßig wird daher die Grenze zur Annahme einer Informationspflicht zum Beispiel bei einem geistig behinderten Menschen nach § 2 I 1 Var. 2 SGB IX woanders liegen als bei dem mit Betriebsrentenfragen befassten Syndikusrechtsanwalt des gleichen Unternehmens. Beide sollen sich erst einmal selbst informieren. Können die das aber nicht selbst leisten, muss der Arbeitgeber vor allem aus seiner allgemeinen arbeitsrechtlichen Fürsorgepflicht heraus aufklärend helfen (§§ 611, 242 BGB).*

▶   **Für die Praxis:** Achten Sie strikt darauf, dass der Mitarbeiter besonders eindeutig über die Anlagerisiken und die Art des Produktes als Sozialpartnerprodukt aufgeklärt wird. Gleichgültig, ob Sie selbst über die betriebliche Altersversorgung aufklären oder es durch einen Dritten machen lassen. Entwickeln Sie im Zweifel einen eigenen Aufklärungsbogen, den Sie ggf. durch den durchführenden Finanzdienstleister zur Verwendung vorschreiben. Das gilt insbesondere für die Klarstellung, dass der Mitarbeiter weiß, dass seine „Zielrente" nichts mehr mit der alten Welt einer Garantierente plus Überschüsse zu tun hat.

Von Rechtsberatern, insbesondere Rechtsanwälten, wird der Punkt der Enthaftung für Arbeitgeber im Sozialpartnermodell gern besonders hervorgehoben. Denn die neue Zusageart der Beitragszusage bedeutet tatsächlich eine echte Enthaftung von vielen Stolpersteinen, zu denen der Arbeitgeber bisher gezwungen wurde. Ein Rechtsanwalt handelt isoliert betrachtet völlig richtig, weil er zum rechtlich günstigsten Rat verpflichtet ist. Er ist aber nicht zum rechtlich und wirtschaftlich günstigsten Rat verpflichtet.

Außerdem sollte weiterhin die allgemeine Entwicklung am Arbeitsmarkt berücksichtigt werden. Gerade das Thema der Altersversorgung wird als personalpolitisches Personalgewinnungs- und Personalbindungsinstrument zunehmend wichtiger. Positioniert sich der Arbeitgeber mit einer rechtlich für ihn haftungsminimalen und zulässigen Lösung, so sollte die personalpolitische Wirkung einer solchen Entscheidung mit in die Entscheidung einbezogen werden.

Rechtlicher Hinweis: *Die reine Beitragszusage ist nach § 2 II BetrAVG dadurch (legal-)definiert, dass §§ 2 I 3, 1a IV 2, 1b-16 nicht mehr gelten. Damit werden zunächst fast alle Schutzmechanismen bis hin zur Insolvenzsicherung herausgenommen. Aus den §§ 19 ff. BetrAVG folgt, dass die Regeln teilweise wieder gelten (zum Beispiel § 22 III Nr. 2 BetrAVG zur Auskunft nach § 4a BetrAVG), aber auch weitreichende Ausnahmerechte in die Hände der Tarifparteien gelegt werden (vgl. § 19 I BetrAVG). Die übrig bleibende Differenz ist der Schutz, den der Berechtigte noch hat und von dem auch nicht abgewichen werden kann (§ 19 III BetrAVG).*

Ein Produkt des Sozialpartnermodells bietet folgende Spielregeln an:

a) Die Tarifparteien sind an dem Produkt einer Direktversicherung, Pensionskasse oder Pensionsfonds durch Gremien an Durchführung und Steuerung beteiligt.

b) Eine Kapitalisierung zu Rentenbeginn ist ausgeschlossen. Das bedeutet im Unterscheid zu bisher bekannten Modellen, dass nur eine lebenslange Rente möglich ist. Gerade dieser Umstand gilt als Hemmschuh einer betrieblichen Vorsorge und einer motivierten Belegschaft. Außerdem sollte sich hier jeder Arbeitgeber genau überlegen, ob diese Einschränkung für seinen Betrieb passt und danach genau informieren, bevor ein Arbeitnehmer diese Versorgungsart wählt. Diese Wahl ist ebenfalls ausführlich zu dokumentieren, um Haftungsansprüche zu vermeiden.

c) Es gibt keinerlei Garantie in den Produkten – weder für das Rentenkapital noch für die Höhe der Renten. Die bisher bekannte Kombination von einer Garantieleistung zuzüglich einer (nicht garantierten) Überschussbeteiligung je nach Kapitalmarktentwicklung wird ausgetauscht durch die „Zielrente". Das bedeutet, dass der investierende Versorgungsträger theoretisch 100 % der vorhandenen Mittel zur Anlage an den Kapitalmärkten verwenden könnte. Hier wird er durch die Anlageregularien des Produktes und so indirekt durch die Vorgaben der Gremien der Tarifpartner gebremst. Die so statistisch hochrechenbaren Renditeannahmen werden in eine Wunschrente, die „Zielrente", umgewandelt. Es ist zu erwarten, dass sich diese Zielrente zum zentralen Werbeargument bei der Beratung zum Abschluss eines Produktes des Sozialpartnermodells entwickeln wird. Nur so kann man in einer Niedrigzinsphase mit einigermaßen ansprechenden Renditeerwartungen werben und Abschlüsse tätigen. Dabei muss man sich selbst als Arbeitgeber und gerade dem uninformierteren Mitarbeiter deutlich klarmachen, dass die ausgewiesene Zielrente wirklich gar nichts mehr mit der bisher bekannten Garantierente plus Überschüsse zu tun hat.

▶ **Für die Praxis:**
Schauen Sie bei der Prüfung eines Sozialpartnerproduktes genau auf die Anlageregularien. Dort wird das Verhältnis zwischen Sicherheit (ohne Garantien aussprechen zu dürfen) und Risiko festgelegt. Bei der Frage, ob Sie ein Sozialpartnerprodukt einführen, beachten Sie diese Risikoverteilung. Da grundsätzlich niemand (auch der Produktträger nicht) für eine Fehlinvestition haftet, sollten Sie sich die Auswirkungen auf das Betriebsklima überlegen, wenn ein Renditerisiko ganz oder teilweise tatsächlich eintritt. Eine Gruppe von enttäuschten Berechtigten könnte durchaus wirtschaftlich messbare Unruhe verursachen.

Rechtlicher Hinweis: *Es ist dem Arbeitgeber unbenommen, die abgeschaffte Subsidiärhaftung des § 1 I 3 BetrAVG mit einem solchen personalpolitischen Motiv auf vertraglicher Ebene (§§ 311, 241 BGB) wieder einzuführen. Das wäre letztlich nur eine Zusage, die über § 158 BGB mit der Bedingung verknüpft wäre, dass bestimmte Tatsachen eintreten. Klar muss aber sein, dass hiermit die Haftung für einen Anlageerfolg eines Dritten übernommen wird, der selbst nicht (oder nur bedingt mittelbar durch Gremienbeteiligung) beeinflusst werden kann. Das Hauptargument der vollständigen Enthaftung des Arbeitgebers wäre damit allerdings auch hinfällig.*

d) Optionssystem – die automatische Entgeltumwandlung

Mit dem Optionssystem (aus dem Englischen Opting out) ist es auf Basis einer tarifvertraglichen Regelung möglich, eine Entgeltumwandlung einseitig durch den Arbeitgeber als Verpflichtung für den Arbeitnehmer einzuführen, obwohl eine Entgeltumwandlung eigentlich auf der Entscheidung des Arbeitnehmers beruht. So haben die Tarifparteien die Möglichkeit, die Arbeitnehmer zu einer Eigenvorsorge zu zwingen und so die Ausweitung des Sicherungsniveaus im Alter zu bewirken. Ein nichttarifgebundener Arbeitgeber kann ein einschlägiges Optionssystem anwenden oder aufgrund eines Tarifvertrages ein Optionssystem durch Betriebsvereinbarungen oder Dienstvereinbarungen umsetzen.

Das geschieht dadurch, dass der Arbeitgeber seinem Arbeitnehmer gegenüber die Vereinbarung zur Entgeltumwandlung so unterbreitet, dass dieser davon Kenntnis bekommt. Widerspricht der Mitarbeiter nicht, dann gilt das Angebot der vorgelegten Entgeltumwandlungsvereinbarung als Angebot und das Nichtwidersprechen gegen das Angebot als Annahme. Der Vertrag ist dann durch Angebot und Annahme zustande gekommen. Damit wird eine der sehr seltenen gesetzlichen Ausnahmen eingeführt, in denen ein Verbraucher überhaupt eine Willenserklärung durch Schweigen abgeben kann. Normalerweise muss er nämlich aktiv handeln, um sich rechtlich zu binden.

Zur Absicherung des vertraglich gebundenen Mitarbeiters wurden die Anforderungen an die Information über die Vorlage des Angebotes erhöht. Es wurde eine Drei-Monatsfrist eingebaut, in der ein Mitarbeiter überlegen kann, ob er widersprechen soll, oder nicht. Es ist Textform vorgeschrieben und es muss deutlich darauf hingewiesen werden, was eigentlich umgewandelt werden soll und welche Widerspruchsrechte er hat.

Rechtlicher Hinweis: *Das Optionssystem ist in § 20 II 1 BetrAVG definiert: der Arbeitgeber führt umfassend oder teilweise eine automatische Entgeltumwandlung ein, gegen die der Arbeitnehmer ein Widerspruchsrecht hat. Es wird sich noch herausstellen müssen, wann der „deutliche" Hinweis nach § 2 II 2 Nr. 1, Nr. 2 BetrAVG rechtskonform erteilt worden ist.*

3.2.4 Sicherungslinie Arbeitgeberzuschuss und Sicherungsbeitrag

Richtigerweise ist das „Gespenst" des Renditerisikos zu relativieren. Darauf sollen in vorderster Linie die Sozialpartner achten, indem die Struktur der Produkte so austariert wird, dass diesem Interesse entsprochen wird.

Von Gesetzgeberseite wurde bei der Finanzierungsart der Arbeitnehmerfinanzierung (Entgeltumwandlung) ein Zuschuss von 15 % des Umwandlungsbetrags vorgeschrieben, soweit dadurch beim Arbeitgeber Sozialversicherungsersparnisse eintreten. Da dieser Beitrag tatsächlich durch Gesetzesanordnung eine sofort unverfallbare Arbeitgeberfinanzierung darstellt, erhält der Mitarbeiter Ansprüche aufgrund von Geldmitteln, für die er wirtschaftlich gar nicht zuständig ist. In der Alternativberechnung von einer Entgeltumwandlung ohne Zuschuss und mit Zuschuss entsteht so eine gewisse Bandbreite an Renditeverlust, über die sich der Mitarbeiter eigentlich gar nicht aufregen dürfte, wenn der Verlust denn eintreten sollte. Es war ja sowieso nicht sein Geld. Damit das in der Praxis von dem Mitarbeiter auch so gesehen wird, ist mit einem entsprechenden Berechnungs- und Kommunikationsaufwand zu rechnen. Nach der allgemeinen Lebenserfahrung wäre es aus Arbeitnehmersicht logisch anzunehmen, den Arbeitgeberanteil (da sozialversicherungsrechtlich vom Mitarbeiter ausgelöst) moralisch zu den vom Arbeitnehmer aufgewendeten Mitteln zu zählen, um einen etwaigen Verlust dieser Teile als eigenen Verlust zu empfinden.

Außerdem steht es den Vertragspartnern frei, einen weiteren Beitrag als „Sicherungsbeitrag" zu vereinbaren und dann vom Arbeitgeber zusätzlich zu verlangen. Der Gesetzgeber hat hier eine „Sollvorschrift" im Gesetz verankert, wodurch der Sicherungsbeitrag auf vertraglicher Ebene zu einem Pflichtbeitrag gemacht werden kann. Dieser würde bei Verwendung als Sparanteil letztlich die oben beschriebene Bandbreite des zuzumutenden „Schmerzempfindens" des Mitarbeiters weiter vergrößern. Dabei darf aber nicht verkannt werden: Der Sicherungsbeitrag ist eine Variable, die der Entscheidung durch die Tarifparteien unterworfen ist. Dieser kann durch Einbringung in das kollektive Kapital für eine Renditerhöhung oder zur Absicherung gegen Kapitalmarktschwankungen verwendet werden. Der Sicherungsbeitrag ist also eine Art „Notgroschen", der schnell zu einem Sanierungsbeitrag werden kann. Dies ist die Option des Gesetzgebers, über die die Tarifparteien einen Arbeitgeber letztlich doch für ein Renditerisiko eintreten lassen können.

Die Größe des Versorgungsträgers sollte nicht unterschätzt werden. Erste Berechnungen gehen in die Richtung, dass ein Produkt des Sozialpartnermodells eine Größenordnung von 100 Mio. EUR an Anlagemitteln erreicht haben sollte, bevor die Größe des Systems zu automatisch risikoausgleichenden Reaktionen bei Kapitalmarktschwankungen führt.

Kritisch betrachtet wird mit dem Sozialpartnermodell eigentlich ein „Schwarzer Peter" vom Gesetzgeber an die Sozialpartner weitergereicht. Ausdrücklich will der Gesetzgeber lediglich den rechtlichen Rahmen bei maximaler Freiheit der Vertragsparteien definieren. Indem aber genau dadurch letztlich bAV-Produkte höchster Risikoklassen rechtlich möglich sind, mit deren Anlagerisiko weder Arbeitgeber noch Produktträger noch die gesetzliche Insolvenzsicherung zu tun haben, liegt die Verantwortung zur Schaffung von Sicherheit vor allem bei den Tarifparteien, ohne jedoch Garantien einbauen zu dürfen. Diese haben über den gemeinsamen, vielleicht sogar dafür gegründeten Versorgungsträger dann den „Schwarzen Peter", den teilweise oder sogar vollständig ausfallenden Berechtigten Rede und Antwort stehen zu müssen. Ob sich der Mitarbeiter aber beim Versorgungsträger beschwert, der Fehlinvestitionen zu verantworten hat, oder nicht eher beim (ehemaligen) Arbeitgeber aufschlägt und einfach seine Ansprüche wegen unzureichender Information anmeldet, wird sich in der Praxis zwar erst noch zeigen, ist aber zu vermuten.

Das Gegengewicht zu dem „Gespenst" des Renditerisikos oder sogar Vollausfallrisikos besteht im Schwerpunkt in statistischen Argumenten. Ist der Anlagehorizont ausreichend lang, sind die Anlagekriterien klar und liegen Anlagemittel in ausreichender Höhe vor, lassen sich die Renditeerwartungen recht präzise mit statistischen Berechnungen vorhersagen. Die meisten Versorgungsmodelle werden daher in den vorhergesagten Korridoren verlaufen und bei eintretenden Sondereffekten (zum Beispiel einer neuen Finanzkrise) entsprechend angepasst. Ausnahmen zu diesen Korridoren werden jedoch nicht zu vermeiden sein, so wie es im angelsächsischen Raum passiert ist: Dort ist es einem internen Investmentmanager unbemerkt gelungen, an den Kapitalmärkten mehrere Milliarden an Rentengeldern zu verspekulieren.

Letztlich geht es also um Vertrauen, das Vertrauen des Investors, dass die Investmentgesellschaft mit seinem Vermögen „schon nichts anstellt". Und an dieser Stelle ist die Idee, die Sozialpartner mit ihrem Vertrauen schaffenden Gewicht in die Pflicht zu nehmen, aller Voraussicht nach ein geschickter Weg.

Man muss sich klar machen, dass lediglich die abstrakte Rechtslage einen Totalausfall theoretisch ermöglicht. Dass dies tatsächlich passiert, ist jedoch höchst unwahrscheinlich. Dabei ist auch zu bedenken, dass wir uns immer noch in einer sozialen Marktwirtschaft befinden. Sowohl die Finanzdienstleistungsbranche insgesamt als auch die Politik haben ein hohes Interesse daran, im Falle des Falles eine Lösung ggf. außerhalb von Rechtspflichten zu finden. Selbst in dem oben genannten Fall der verspekulierten Milliarden haben sich Finanzdienstleister zusammengetan und die Kernansprüche der Berechtigten aufgefangen. Einen echten, rechtlich sogar möglichen Ausfall der Betriebsrentner in diesem Umfang konnte sich die Branche schlicht nicht erlauben. In Deutschland ist zum Beispiel die Auffanglösung „PROTEKTOR" als Konkurssicherungsfonds der Branche entstanden. Eine ausfallende Rentenversorgung, die eine große Zahl Rentner rechtlich zulässig durch echten Ausfall in die Privatinsolvenz treibt, hält nämlich Generationen von künftigen Berechtigten von dem Abschluss der so immens wichtigen Altersversorgung ab. Und die Förderung von Abschlüssen einer zusätzlichen Altersversorgung ist aus Sicht der Finanzdienstleistungsbranche überlebenswichtig, wie auch aus Sicht der Politik zentrales Anliegen.

3.2.5 Zweifelsfragen des Sozialpartnermodells

Das Sozialpartnermodell ist für die Tarifparteien gedacht. Es soll auch ausdrücklich die nicht tarifgebundenen Unternehmen ermutigen, sich einem Tarifgefüge anzuschließen. Dahinter steht die Idee, dass ähnlich wie in einer freien Marktwirtschaft zwischen den Tarifparteien Mechanismen ablaufen, die im Ergebnis einen optimalen Interessenausgleich waffengleicher Verhandlungspartner bewirken.

Die vom Gesetzgeber formulierte Reichweite der Regelungsfreiheit der Tarifparteien und viele weitere Fragen werden in der Fachwelt auf absehbare Zeit noch diskutiert werden müssen.

Ist es möglich, die rechtlich gebundenen Unternehmen allein durch Tarifverträge in das Sozialpartnermodell zu zwingen, um so mittelbar dafür zu sorgen, dass zum Beispiel betriebsinterne oder überbetriebliche Direktversicherungen keinen einzigen Zugang mehr verzeichnen könnten? Darf also die Tarifautonomie so weit reichen, die eigenen Sozialpartnerprodukte als Werkzeug zu verwenden, um Produktkonkurrenten der alten Produktwelt sogar bis in die Insolvenz zu treiben? Ginge das auch auf dem gleichen Ast, auf dem man sitzt? Sprich: Könnte man ein Angebot (zum Beispiel Direktversicherung) der Metalltarifpartner der bestehenden Angebote der MetallRente (Direktversicherung) über einen neuen Tarifvertrag vollständig blockieren? Die Geschäftsführer der neuen Sozialpartnerdirektversicherung würden sich freuen, die Geschäftsführer der alten MetallRente Direktversicherung nicht.

Rechtlicher Hinweis: *Letztlich geht es hier um das Spannungsfeld zwischen Art. 9 III GG (Tarifautonomie) und der „heiligen Kuh des BGB", der allgemeinen Kontrahierungs- und Vertragsfreiheit, §§ 311, 241 BGB. Grundsätzlich darf man vertraglich machen, was man will – es sei denn, man unterliegt berechtigten kollektivrechtlichen Interessen. Die Rechte der einen Seite enden dort, wo die Rechte der anderen Seite beginnen. Wo genau diese Grenze verläuft, weiß keiner so genau.*

Ist es möglich, einen Wechsel der Zusageart arbeitsrechtlich durchzusetzen (zum Beispiel die bisherige BZML oder BOLZ durch eine BZ abzulösen)? Sprich: Ist es überhaupt möglich, den Mitarbeiter von einem bisher genutzten Garantiesystem in ein System ohne Garantie zu zwingen, um sich als Arbeitgeber bewusst in ein vermeintliches „Enthaftungssystem" zu begeben? Und welche Haftungsfolgen hat das für Arbeitgeber, die diesen Wechsel forcieren?

Rechtlicher Hinweis: *Diese Frage ohne klaren kollektivrechtlichen Vertrag zu bejahen, steht auf sehr wackeligen Beinen. Denn der Mitarbeiter soll sich auf die Kontinuität der Zusage, die nun einmal aus Durchführungsweg, Zusageart, Leistungsart etc. zusammensetzt, im Rahmen seiner persönlichen Planung verlassen können. Rechtsverluste zum Beispiel durch einen Wechsel der Zusageart werden wohl an der BAG Drei-Stufen-Theorie zu messen sein, was seinerseits ggf. durch die Tarifautonomie überwunden werden könnte (vgl. BAG vom 27. Februar. 2007 3 AZR 735/05). Die Antwort auf die Frage, ob man außerhalb einer Tarifgebundenheit durch einfache Änderung zum Beispiel einer Versorgungsordnung alle vorhandenen Versorgungen auf die BZ umstellen kann, lautet daher erst einmal: „Nein."*

Nun ergibt sich für ein nicht tarifgebundenes Unternehmen folgende Fragestellung: Kann man eine Art „Rosinenpickerei" betreiben? Sprich: Kann man sich vertraglich an die fiktiven „§§ 105a bis 105 f. zur Entgeltumwandlung" und damit selektiv nur an denjenigen Teil eines Tarifvertrags koppeln, der sich mit dem Sozialpartnermodell beschäftigt, ohne sich auf die anderen Teile eben dieses Tarifgefüges verpflichten zu müssen?

Rechtlicher Hinweis: *Uneinigkeit besteht zum Beispiel noch bei der Frage, was bei § 19 II BetrAVG „wenn zwischen diesen die Anwendung der einschlägigen tariflichen Regelung vereinbart ist" genau bedeutet. Ist die „Einschlägigkeit" auf das gesamte Tarifgefüge bezogen, oder nur die entsprechenden Teile zur betrieblichen Altersvorsorge? Gegen Letzteres sprechen vor allem die Motive des Gesetzgebers und Äußerungen im Gesetzgebungsverfahren (teleologische Auslegung). Ein Verstoß würde dazu führen, dass der Mitarbeiter so zu stellen ist, als wäre ordnungsgemäß erfüllt worden.*

Legt man diese Ordnungsgemäßheit folglich als Verschaffungsanspruch mit dem Inhalt einer „klassischen" Direktversicherung fest, so wäre bei faktischem Abschluss eines Sozialpartnerproduktes die nachträgliche Zurverfügungstellung jedoch unmöglich (§ 275 BGB). Die daraus folgende Haftung auf den Verschaffungsanspruch ggf. über § 1 I 3 BetrAVG würde dann als unmittelbare Versorgungszusage auf den Arbeitgeber zurückschlagen. Jedoch nur in der Differenz, in der der Mitarbeiter durch das Sozialpartnerprodukt konkret benachteiligt ist, was üblicherweise erst im Leistungsfall berechenbar ist. Die Richter, die solche fiktiven Differenzansprüche in einen vollstreckungsfähigen Urteilstenor hinein zu formulieren haben, sind nicht zu beneiden.

Kann man als tarifgebundenes Unternehmen die Entscheidung der eigenen Tarifparteien, sich derzeit noch nicht sofort auf das Sozialpartnermodell einzulassen, ignorieren und mit den derzeitigen Freiheiten des Tarifvertrags im Bereich der betrieblichen Altersvorsorge ein Sozialpartnerprodukt einer anderen Branche einführen? Was passiert dann eigentlich mit branchenfremd abgeschlossenen Sozialpartnerprodukten, wenn die Tarifpartner der eigenen Branche nun doch noch ein eigenes Produkt entwickeln und die tarifgebundenen Unternehmen über die Reichweite der Tarifautonomie dort hineinzwingen wollen?

Wie sieht es aus, wenn der Arbeitgeber zum Beispiel tarifrechtlich in ein reines Sozialpartnermodell gezwungen wird, aus personalpolitischen Gründen aber die Nachteile des Sozialpartnermodells den Mitarbeitern nicht zumuten will oder ausreichend erklären kann?

Rechtlich stellen sich dann höchst interessante Folgeprobleme: Gesteht man im Rahmen der Vertragsfreiheit nach §§ 311, 241 BGB eine Bedingung über § 158 BGB zu (Eintritt einer definierten Situation wie der Unterschreitung der Null-Prozent-Rendite), wie will man diese Position des Arbeitgebers letztlich analog eines Rückversicherers zum Beispiel in der Insolvenzsicherung eigentlich erfassen? Es gibt keine Zusage, solange die Bedingung nicht erfüllt ist (§ 158 I BGB). Die arbeitsrechtliche Konstruktion der „Zusage auf die Zusage" hilft eher nur mit Blick auf Unverfallbarkeitsfristen weiter, weil eine Verpflichtung zu einer künftigen Willenserklärung die Rechtsfolge der konkreten Zusage eben noch nicht auslöst. Wäre eine Zusage auf Leistungen, die sich nur auf ein Ausfallrisiko richtet, überhaupt eine betriebliche Altersversorgung? Das Bestehen einer Verpflichtung wäre aber Grundlage, um einen PSV a. G-Beitrag berechnen zu können. Fiktive Wahrscheinlichkeiten ohne Zusage sind (derzeit) noch nicht von §§ 7 ff. BetrAVG umfasst.

Diese Liste von Fragen ließe sich noch erheblich verlängern. Alle Positionen haben Gegner und Befürworter. Alle Fragen kann man mit entsprechender Begründung bejahen oder verneinen.

Die Ursache für die rechtlichen Probleme liegt in der Schaffung einer zweiten bAV-Welt, deren Wechselwirkungen mit der alten bAV-Welt im Detail noch nicht wirklich abschließend geklärt sind. Kernproblem ist die Frage, wie viel die Tarifpartner eigentlich rechtlich zulässig vorschreiben dürfen.

Die rechtlichen Leitplanken kann man sich durch zwei Extreme klarmachen. Darf die Tarifautonomie so weit gehen, dass sie missbräuchlich die Mitarbeiter der tarifgebundenen Unternehmen in eine Entgeltumwandlung hineinzwingt und die so gewonnenen Gelder für ein Hochrisikoinvestment in den grauen Kapitalmarkt in extra dafür gegründete, betrügerische Geldsammelfirmen der Vorstände der Kontrollgremien eben dieses Sozialpartnerproduktes vorschreibt? Sicherlich nicht. Wer belügt und betrügt und sich die Taschen vollmachen will, der hat extrem starke Gegner: den Gesetzgeber und die Gerichte.

Dürfen andererseits die Tarifpartner ein Sozialpartnerprodukt entwickeln, das die Teilnahme so weich gestaltet, dass die tarifgebundenen Unternehmen ihre eigenen Haftungsinteressen und Arbeitnehmervertretungen die Anlageinteressen der Mitarbeiter voll berücksichtigt sehen? Sicherlich ja, denn das ist ja die Grundidee, wieso es das Sozialpartnermodell gibt: in der Niedrigzinsphase Renditebremsen der konservativen Anlage abbauen und die parallel ansteigende Arbeitgeberhaftung für das Investmentrisiko beseitigen und das alles in die verantwortungsvollen Hände der Tarifpartner legen. Irgendwo dazwischen wird der „goldene Mittelweg" liegen, der allerdings noch zu suchen ist.

Die Beantwortung dieser und weiterer Fragen wird voraussichtlich den üblichen „Reifeprozess" von rechtlich grundlegenden Neuregelungen durchlaufen. Bis 2020 entstehen Kataloge von Zweifelsfragen, die von verschiedenen Seiten (Finanzbranche, Literatur, Forschung- und Lehre, Finanzverwaltung, Untergerichte etc.) diskutiert und dann vorläufig beantwortet werden.

Nach drei bis fünf Jahren ist mit den ersten richtungsweisenden Urteilen der Obergerichte zu rechnen, sodass etwa ab 2023 die zentralen rechtlichen Probleme vielleicht geklärt sein könnten. Innerhalb von etwa zehn Jahren sind die neuen Spielregeln so weit überprüft, dass man diese dann als gesichert ansehen kann.

Echte Neuerungen stellen sich dann üblicherweise nur noch bei Ausnahmekonstellationen ein, die als Einzelfall vor Obergerichten entschieden werden. Manchmal nutzen die Bundesrichter dankenswerterweise solche Gelegenheiten, um der Fachwelt bei generellen, parallelen Rechtsproblemen eine Richtung zu weisen.

> **Für die Praxis:** Erliegen Sie als Arbeitgeber nicht zu schnell der Verlockung einer vermeintlichen Enthaftung (wie zuvor bereits ausgeführt, ist auch hier eine Haftung vorhanden). Warten Sie mit der (freiwilligen) Einführung eines Sozialpartnerproduktes, bis wenigstens solange bis die dringendsten Rechtsfragen geklärt sind. Zumindest, wenn Sie Fragen wie zum Beispiel die rechtssichere Gewährleistung von Portierungsrechten für wichtig halten.

3.2.6 Geringverdienerförderung

Einer der großen sozialen Errungenschaften des Betriebsrentenstärkungsgesetzes ist die Förderung der Geringverdiener. Nach dem Gesetz sind dies alle Erwerbstätigen mit maximal 2200 EUR monatlichem Bruttoentgelt. Die Förderung sieht vor, dass Geringverdiener unmittelbar durch zusätzliche staatliche Leistungen (vorausgesetzt der Arbeitgeber engagiert sich ebenfalls) profitieren. Verbunden ist diese Förderung mit einem Teilverzicht auf die Anrechnung bei der Grundsicherung im Alter. Dieser Förderbetrag wird im § 100 EStG n. F. geregelt.

Voraussetzung für den Erhalt dieser neuen Förderung ist ein zusätzlich zum Arbeitsentgelt geleisteter Betrag vom Arbeitgeber für den Arbeitnehmer zwischen 240 EUR und 480 EUR pro Jahr an eine Direktversicherung, Pensionskasse oder an einen Pensionsfonds. Liegt der geleistete Betrag darüber, werden trotzdem nur bis zu 480 EUR gefördert.

Leistet ein Arbeitgeber diese Beiträge für die Alterssicherung seiner Arbeitnehmer, erhält er quasi eine „Erstattung" in Höhe von 30 % seines Aufwands. Die Gewährung der Förderung wird dann unmittelbar über die Lohnsteueranmeldung vorgenommen. Konkret bedeutet das, dass gegen Nachweis des zusätzlichen Arbeitgeberbeitrags eine sofortige Verrechnung mit der abzuführenden Lohnsteuer stattfindet und damit der effektive Aufwand des Arbeitgebers sinkt.

Damit ist die Stoßrichtung des Gesetzes klar: Arbeitgeber sollen motiviert werden, einkommensschwächere Belegschaften zusätzlich zu unterstützen und für somit für eine bessere Altersvorsorge zu sorgen. Dabei profitieren bestehende Systeme nur, wenn die Beiträge erhöht werden, also zusätzlich vorgesorgt wird. Wichtig für Arbeitgeber ist hierbei die Tatsache, dass bisherige Arbeitgeberzuschüsse hierbei nicht berücksichtigt werden.

Außerdem wurden für diese Art der Förderung neue Kriterien an die Produktanbieter und Versorgungsträger gestellt. Wesentliche Voraussetzung an die Produkte ist eine Verteilung der Vertriebskosten auf die gesamte Laufzeit (die sonst übliche „Zillmerung" ist unzulässig; BT-Drs. 18/11286, 69).

Es bleibt abzuwarten, ob diese Fördermöglichkeit von Arbeitgebern auch als echter Vorteil erkannt und angenommen wird.

Der administrative Aufwand ist überschaubar, weil es für die Förderfähigkeit nur auf den jeweiligen Monat und die jeweilige Situation ankommt. Fällt jedoch ein Arbeitnehmer aus der Gruppe der Geringverdiener heraus (zum Beispiel durch Gehaltssteigerungen), erhält der Arbeitgeber seinen 30-Prozent-Anteil nicht angerechnet und nicht erstattet. Hier dann dem betroffenen Arbeitnehmer die Zuschüsse eventuell wieder zu kürzen, ist in der betrieblichen Praxis sicherlich sehr schwierig und dürfte einiges an Konfliktpotenzial in sich bergen.

Leider hat der Gesetzgeber hier keine Anpassung oder Dynamik der Einkommensgrenze vorgesehen. Inwieweit dieser Mangel zukünftig beseitigt wird, ist offen und stellt sicherlich ein künftig wachsendes Hemmnis dar.

3.2.7 Änderungen der Grundsicherungsregeln

Eine weitere Verbesserung für Arbeitnehmer ist die teilweise Nichtanrechnung auf die Grundsicherung. Die zusätzliche freiwillige Altersvorsorge in Form von lebenslangen Renten wird zum Teil von der Anrechnung auf die Grundsicherung im Alter freigestellt (§ 82 Abs. 4 und 5 SGB XII n. F.). Geringverdiener, die bisher keine Vorsorge getätigt haben, weil sie eine Anrechnung einer späteren Rente auf die Grundsicherung und damit einhergehende Kürzung der Versorgung befürchtet haben, sollen so motiviert werden, nun zusätzlich für das Alter vorzusorgen (BR-Drs. 780/16, 43).

Der neue Freibetrag gilt für private Rentenversicherungen, betriebliche Altersversorgung, Riester- und Basisrenten.

Hierbei werden zunächst 100 EUR pauschal nicht angerechnet. Zusätzlich werden dann 30 % der darüber hinaus gehenden Bezüge (insgesamt maximal

50 % der Regelbedarfsstufe 1 gemäß § 28 SGB XII) freigestellt. Im Jahr 2017 ist dies im Ergebnis ein zusätzlicher monatlicher Freibetrag in Höhe von 204,50 EUR.

Da die Leistungen aus der betrieblichen Versorgung entscheidend vom geleisteten Beitrag und der jeweiligen Ansparzeit abhängen, ist in der Zielgruppe der Geringverdiener stark davon auszugehen, dass dieser Freibetrag in vielen Fällen ausreichen wird, damit keine Verrechnung mit der Grundsicherung erfolgt und damit die bAV-Rente komplett beim Betroffenen ankommt.

Dieser teilweise Verzicht auf die Anrechnung von Altersvorsorge auf die Grundsicherung ist sicherlich ein Meilenstein in der Gesetzgebung und stellt für die Betroffenen einen großen Vorteil ihrer individuellen Vorsorge dar.

Hintergrund dieser Initiative ist sicherlich auch das Bestreben des Gesetzgebers, die betroffenen Arbeitnehmer zu einer zusätzlichen Vorsorge für das Alter zu bewegen, damit es erst gar nicht zu einer Bedürftigkeit kommt.

Ob dies gelingt, hängt jedoch von der Bereitschaft der Zielgruppe ab, wirklich Geld zusätzlich zu sparen und somit Vorsorge zu betreiben. Ob dafür jedoch überhaupt Mittel verfügbar sind, ist in der Einkommenskategorie der Geringverdiener fraglich.

3.2.8   Änderungen der Riester-Regeln

Obwohl die Riester-Rente bisher fast ausschließlich als private Maßnahme genutzt wird, ist sie dennoch auch betrieblich als „bAV" einsetzbar. Dieser Umstand ist vielen Verbrauchern nicht bekannt – bietet er in manchen Bereichen doch interessante Möglichkeiten.

Rechtlicher Hinweis: *Die Riester-Förderung als Alternative zur normalen Entgeltumwandlung in dem vorgegebenen Produkt hat schon seit Bestehen des Rechts auf Entgeltumwandlung zur Verfügung gestellt zu werden (§ 1a III BetrAVG). Kernproblem war nur, dass vor allem die privatwirtschaftlichen Tarife dort nicht mitmachten, weil sie diese Wechselmöglichkeit schlicht nicht vorsahen. Auch hier ist das Kernproblem ein juristischer Klassiker: Wie wird eine konkludente Willenserklärung im Sinne des „Verlangens" nach § 1a III BetrAVG eigentlich abgegeben? Wird nämlich das Verlangen auslegungsweise über §§ 133, 157 BGB zum Beispiel bei faktischem Abschluss einer Direktversicherung, so hat der Arbeitgeber schlicht das falsche Produkt zur Verfügung gestellt. Der nächste juristische Klassiker folgt sofort mit einem vorhandenen Schaden und* *der Vorteilsanrechnung. Selbst wenn das Produkt falsch war: Wo ist eigentlich der Schaden? Der kann nur in der Differenz bestehen, dass die Beitragsfreistellung einer Direktversicherung und der Wechsel zu einem Riester-Produkt in einem rechtlich selbstständigen Vertrag zu weniger Leistung führen, als wäre eine Wechseloption im ursprünglichen Vertrag vorhanden gewesen. Dann stellt sich aber die Frage, ob ein Vertrag ohne Wechseloption nicht mehr Leistung bietet, weil der versicherungstechnische Einbau solcher Optionen schon allein aufgrund der Zulassungsverfahren der Tarife sehr teuer ist. Auch hier gilt: Das wirklich rechtskonform auseinanderzurechnen, dürfte für ein Gericht eine Herausforderung sein.*

Der Gesetzgeber hat erfreulicherweise das BRSG genutzt, um bei der Riester-Rente längst fällige Verbesserungen umzusetzen. Nach Meinung der Verfasser gehen jedoch diese Bemühungen längst nicht weit genug. Dies führt leider im Ergebnis dazu, dass eine große Chance zur echten und nachhaltigen Verbesserung der oft gescholtenen Riester-Rente verpasst wurde.

Daher wird im Vergleich zu den bisher bekannten Durchführungswegen Direktversicherung, Pensionskasse und Pensionsfonds die Riester-Rente als betriebliche Variante über die Firma auch weiterhin für viele Menschen nur eine untergeordnete Rolle spielen.

Für Geringverdiener, die aufgrund des niedrigen Einkommens sowieso eine niedrige Steuerlast haben (und deshalb die normale Förderung der bAV wenig interessant sein dürfte), stellt diese Änderung jedoch einen wirklich interessanten Vorteil dar, den es genau zu prüfen gilt.

Die für alle Erwachsenen geltende Grundzulage wurde von bisher 154 auf 175 EUR pro Jahr erhöht. In Verbindung mit einer möglichen Kinderförderung (jährlich 300 EUR pro Kind, das nach 2008 geboren wurde) kann dann die Riester-Rente über den Arbeitgeber unter Renditegesichtspunkten eine echte Alternative darstellen. Hier ist der Gesetzgeber einer Reformempfehlung des Gutachtens des BMF gefolgt (vgl. Kiesewetter et al. 2016, S. 238 ff.).

Konflikt Doppelverbeitragung gelöst
Als private Riester-Rente genutzt, werden in der gesetzlichen Krankenversicherung für pflichtversicherte Rentner keine Krankenkassenbeiträge in der Phase des Rentenbezugs fällig.

Diese Situation gilt nun ab sofort auch für Riester-Renten, die als betriebliche Maßnahme bespart werden. Insoweit erfolgt also eine Gleichstellung zwischen privat und betrieblich genutzter Riester-Rente. Und damit wird dann diese betrieblich besparte Riester-Rente für einkommensschwache Zielgruppen, besonders wenn zulagenberechtigte Kinder vorhanden sind, wirklich interessant. Einziger Wermutstropfen bei den Riester-Renten bleibt weiterhin der hohe administrative Aufwand der jeweiligen Anbieter in der Verwaltung der Zulagen.

3.2.9 Neue Bemessungsgrenzen

Bisher galt in den Durchführungswegen Direktversicherung, Pensionskasse und Pensionsfonds eine maximale Beitragszahlung in Höhe von vier Prozent der Beitragsbemessungsgrenze der gesetzlichen Rentenversicherung, um steuerfrei einzahlen zu können. Weitere 1800 EUR waren zusätzlich steuerfrei, wenn keine „alte" pauschal besteuerte Direktversicherung nach § 40b EstG bestand und genutzt wurde.

Seit dem 1. Januar 2018 wurde diese Grenze der maximal steuerfreien Beitragszahlung auf acht Prozent der Beitragsbemessungsgrenze erhöht und dafür wurden die 1800 EUR gestrichen. Für das Kalenderjahr 2018 ist dies dann ein maximal steuerfreier Sparbetrag von 520 EUR monatlich bzw. 6240 EUR jährlich. Im Vergleich zum Vorjahr 2017 stellt dies eine Ausweitung der maximalen Beitragszahlung in Höhe von 28 % dar. Außerdem wurde mit dieser Anpassung der Grenze endlich auch eine Dynamisierung des gesamten Dotierungsvolumens erreicht.

Die neue Grenze in Höhe von acht Prozent der BBG (im Jahr 2018 = 520 EUR monatlich) gilt nur für die Steuerfreiheit der Beiträge. Die Befreiung der Beiträge in der Sozialversicherung ist weiterhin auf vier Prozent der Beitragsbemessungsgrenze (im Jahr 2018 = 260 EUR monatlich) begrenzt.

Insoweit ist die Ausweitung des steuerfreien Dotierungsrahmens dann auch eher für einkommensstärkere Belegschaftsteile relevant. Ob diese Erhöhung für Normalverdiener als Anreiz dient, darf bezweifelt werden.

Nachzahlung zukünftig erlaubt
Eine weitere interessante Neuerung stellt die Tatsache dar, dass nun auch für beitragsfreie Jahre (zum Beispiel wegen Elternzeit) die volle Nachzahlung für bis zu zehn Jahre nachgeholt werden kann.

Vor dem Hintergrund der vom Gesetzgeber angestrebten Vereinfachung der bAV wird in diesem Bereich schnell deutlich, dass es keineswegs einfacher wird. Das Gegenteil ist leider der Fall. Die Komplexität nimmt zu und es entsteht für den Arbeitgeber zusätzlicher Informations- und Aufklärungsaufwand. An dieser Stelle soll besonders auf die erweiterten Informations- und Aufklärungspflichten des Arbeitgebers hingewiesen sein.

3.2.10 Fortführung von Rückdeckungsversicherungen

Der Gesetzgeber hat ein Problem bei nicht versicherungsförmigen Durchführungswegen mit angepackt. Ob er es gelöst hat, wird sich herausstellen. Dabei geht es um die vielfach vorhandenen Rückdeckungsversicherungen, die im Hintergrund von Unterstützungskassen oder unmittelbaren Versorgungszusagen in einem Deckungsverhältnis bestehen. Im Insolvenzfall des Arbeitgebers besteht beim Berechtigten ggf. ein erhebliches Interesse daran, die Versicherung selbst fortzuführen. Schließlich gibt es keinen Arbeitgeber mehr, der als Trägerunternehmen oder als Pensionsverpflichteter fungieren könnte. Und einen neuen Arbeitgeber kann er zum Beitritt zum Beispiel in eine Unterstützungskasse nicht zwingen. Damit drohte bisher unter Anderem ein Abschneiden von der Möglichkeit, eine schon lange bestehende Invaliditätsabsicherung (Berufsunfähigkeitsversicherung) fortzuführen.

Eine private Übernahme von Fremdmitteln würde aber eigentlich einen steuerlichen Zufluss bedeuten. Damit das nun nicht passiert, wurde dieser Fall nun steuerrechtlich flankiert. Ob diese steuerliche Flankierung auch im Einzelfall genutzt werden sollte, muss der Berechtigte entscheiden. Schließlich hat er in den Fällen einer Kaptialleistung beispielsweise keine Progressionsmilderung aus dem § 34 EStG zu erwarten.

Weitere/sonstige Aspekte 4

4.1 Einstellung des Neugeschäfts

Vor dem Hintergrund der enormen Förderung sollte nun jeder Arbeitgeber und Arbeitnehmer denken, dass bei den Versicherern und Anbietern der betrieblichen Vorsorge ein Boom einsetzt. Doch bei einigen Versicherungen und Pensionskassen ist genau das Gegenteil der Fall.

Einige Anbieter haben sogar ganz auf den Geschäftsbereich der bAV verzichtet und haben sich vom Neugeschäft komplett verabschiedet. Mit dabei sind sowohl namhafte und renommierte Anbieter aus Deutschland als auch Anbieter aus dem Ausland, die allesamt vor den Garantien, die ja mindestens zu geben sind, zurückschrecken.

Bei einigen Anbietern sind auch die Folgen der Regulierung und staatlich verordneten Sparmaßnahmen wie die Zinszusatzreserve eine zu schwere Last und man konzentriert sich lieber auf freie Anlagen in der privaten Vorsorge, die dann ganz ohne Garantien angeboten werden.

Wer aber nun meint, alle anderen Anbieter der bAV stehen einer Erhöhung der bestehenden Verträge durch den Arbeitgeberzuschuss offen gegenüber und nehmen dieses Geschäft einfach an, der täuscht sich!

War man es in den vergangenen Jahren gewohnt, dass die Versicherer jeden Euro an Beitragszahlung gerne nehmen, so erlebt man zu Beginn des Jahres 2018 leider genau das Gegenteil.

Fast alle Anbieter nehmen zwar den neuen Arbeitgeberzuschuss in Höhe von 15 %, wehren sich aber gegen die weitere Aufstockung der Altverträge oder deckeln die Erhöhungsoptionen auf Eurobeträge von 20 EUR oder 30 EUR. Zu groß ist der Druck der früheren hohen Garantiezinsen von drei Prozent und mehr. Vor dem Hintergrund der aktuellen Niedrigzinsphase fällt es den Anbietern oft

© Springer Fachmedien Wiesbaden GmbH, ein Teil von Springer Nature 2019

A. Bußler und M. Sobau, *Das BRSG im Mittelstand*, essentials,

https://doi.org/10.1007/978-3-658-23214-6_4

schwer, diesen alten hohen Garantiezins überhaupt noch zu erwirtschaften. Verständlicherweise möchte man am liebsten jeden Euro vermeiden, der diese drückende Altlast zusätzlich noch erhöht.

Was bedeutet das nun für die aktuelle Situation in den Betrieben und die Arbeitgeber?

In erster Linie ist dies administrativer Aufwand und enormes Haftungspotenzial für jeden Arbeitgeber. Denn es gilt nun in jedem Einzelfall für jeden Mitarbeiter zu prüfen, ob und wie der jeweilige Anbieter die Erhöhung überhaupt mitmacht. Das Ergebnis sollte dann nicht nur dokumentiert werden, sondern auch mit dem betroffenen Mitarbeiter besprochen werden (Stichwort Informationspflicht). Sollte konkret ein Anbieter die Erhöhung zu bisherigen Vertragskonditionen ablehnen, ist dann zu überlegen, ob man den Zuschuss mit dem bisherigen Beitrag verrechnet (also die Entgeltumwandlung anpasst) oder einem Anbieter findet, der dann diesen Kleinstbeitrag trotzdem annimmt.

Hier empfiehlt sich zur Entlastung der firmeninternen Personalverwaltung externe Beratungspartner einzusetzen. Diese übernehmen diese Prüfung und Abklärung der Möglichkeiten für vorhandene Verträge zwar meist nicht kostenfrei – sind aber geübt in den Prozessen und haften dann auch für die Besprechung der Ergebnisse mit den Mitarbeitern.

4.2   Fazit

Das BRSG wird in der öffentlichen Diskussion im Schwerpunkt durch das Sozialpartnermodell mit dem neuen Arbeitgeberzuschuss wahrgenommen. Die zur Beteiligung aufgerufenen Tarifparteien treten erst zögerlich in den Kommunikationsprozess ein, die neuen Freiheiten auch tatsächlich durch Entwicklung eines konkreten Produktes umzusetzen. Für die meisten Unternehmen gilt daher beim Sozialpartnermodell: abwarten und Tee trinken.

Außerhalb des Sozialpartnermodells gibt es im Kern eine deutliche Ausweitung der Informationspflichten, die Einführung eines Arbeitgeberzuschusses von 15 % bei Entgeltumwandlung und einer Geringverdienerförderung, sowie eine Bereinigung praktischer Probleme im Bereich der Riester-Vorsorge und steuerlicher Details.

Die Diskussion der Fachwelt über die rechtskonforme Umsetzung und handfeste rechtliche Probleme wird sicherlich noch eine ganze Weile anhalten. Erste zentrale Urteile der Obergerichte werden ab 2023 zu erwarten sein.

Für ein Unternehmen bleiben im Wesentlichen nur zwei Handlungsfelder, in denen ein zeitnahes Handeln zu empfehlen ist, übrig:

Ein Unternehmen sollte sich über die konkrete Handhabung des 15-Prozent-Arbeitgeberzuschusses Gedanken machen und hinsichtlich der Informationspflichten eine Überprüfung vornehmen, ob die erteilten Auskünfte über § 4a BetrAVG den neuen Anforderungen auch entsprechen.

Was Sie aus diesem *essential* mitnehmen können

- einen Überblick über die wichtigsten Elemente des BRSG und was sie für Ihr Unternehmen bedeuten können
- die wichtigsten gesetzlichen Regelungen und daraus resultierende Problemfelder
- konkrete Handlungsempfehlungen, um Risiken zu minimieren und die Arbeitgeber-Haftung zu reduzieren
- verständliche Erläuterungen und eine neutrale Betrachtung der gesetzlichen Vorgaben
- einfache und nachvollziehbare Lösungsansätze für das mittelständische Unternehmen
- praktische Hinweise, um das Thema bAV zum Erfolgsmodell im Unternehmen werden zu lassen
- Ansätze für ein attraktives Versorgungsmodell, um Mitarbeiter gewinnen und halten zu können

© Springer Fachmedien Wiesbaden GmbH, ein Teil von Springer Nature 2019 43
A. Bußler und M. Sobau, *Das BRSG im Mittelstand*, essentials,
https://doi.org/10.1007/978-3-658-23214-6

Literatur

Blomeyer, Rolfs, Otto: Betriebsrentengesetz, 7. Auflage, München, 2018.
Bundesagentur für Arbeit (2017): Monatsbericht zum Arbeits- und Ausbildungsmarkt in Deutschland Oktober 2017.
Bundesministerium für Arbeit und Soziales (2016a): Ergänzender Bericht der Bundesregierung zum Rentenversicherungsbericht 2016, Bundestagsdrucksache 18/10571,8.
Bundesministerium für Arbeit und Soziales (2016b): Forschungsbericht 475: Arbeitgeber- und Trägerbefragung zur Verbreitung der betrieblichen Altersversorgung (BAV 2015).
Kiesewetter, D./Grom, M./Menzel, M./Tschinkl, D. (2016): Optimierungsmöglichkeiten bei den bestehenden steuer- und sozialversicherungsrechtlichen Förderregelungen der betrieblichen Altersversorgung, Würzburg, 2016.
Statista (2018): Veränderung der Bruttolöhne und –gehälter in Deutschland gegenüber dem Vorjahr von 1992 bis 2017, abgerufen unter: https://de.statista.com/statistik/daten/studie/75731/umfrage/entwicklung-der-bruttoloehne-in-deutschland, am: 7. Mai 2018.

© Springer Fachmedien Wiesbaden GmbH, ein Teil von Springer Nature 2019   45
A. Bußler und M. Sobau, *Das BRSG im Mittelstand,* essentials,
https://doi.org/10.1007/978-3-658-23214-6